진씨태극권 신가 일로
陳氏太極拳 新架一路

陳氏太極拳(Ⅲ)
新架一路

2002년 8월 27일 초판 1쇄 인쇄
2002년 9월 1일 초판 1쇄 발행

원저자 / 陳正雷
편역자 / 방기한
발행인 / 방기한
펴낸곳 / 동선재
편집디자인 / 김창숙

등록 / 제 2001-51호
주소 / 경기도 일산시 일산구 일산3동 후곡마을 1704-101
전화 / 031-921-3958
팩스 / 031-817-9578
홈페이지/ www.dongsunjae.com
한글인터넷주소 / 진씨태극권, 동선재

* 잘못된 책은 바꿔 드립니다.

가격은 뒤표지에 명시되어 있습니다.

copyright ⓒ 2002, 陳正雷

* 이 책의 한국어판 저작권은 원저자인 陳正雷와의 독점 계약에 따라
  편역자인 방기한에 있습니다. 저작권법에 의해 대한민국 내에서
  보호를 받는 저작물이므로 무단 전재나 복제를 금합니다.
* 이 책에 대하여 문의 및 상담하실 분은 홈페이지를 이용하시면 편리합니다.

ISBN 89-N 89-90093-03-1   04690
ISBN 89-90093-00-7(세트)

陳氏太極拳（Ⅲ）

新架一路

原著 陳正雷 / 編譯 方基漢

動禪齋

■ 원저자(原著者) 소개

　진정뢰(陳正雷), 남(男), 1949년 5월 출생.

　중국 하남성(河南省) 온현(溫縣) 진가구(陳家溝) 출신이다. 진씨(陳氏) 집안 19대 손(孫)이고, 11대 태극권 전승자(傳承者)이다.

　현재 중국진가구태극권보급센터 총교련(中國陳家溝太極拳推廣中心總敎鍊), 국가무술 고급교련(國家武術高級敎鍊), 하남성무술관 부관장(河南省武術館副館長), 중국무술협회 위원(中國武術協會委員)을 맡고 있으며, 1995년 40대의 나이로는 처음으로 중국의 십대무술명사(十大武術名師)로 선정되었다.

　백부(伯父)인 진조비(陳照丕)와 당숙(堂叔)인 진조규(陳照奎)로부터 정통적인 태극권을 사사받았으며 30여 년 동안 연마하여 '태극금강(太極金剛)'이라는 칭호를 얻었다.

　1974년부터 1988년까지 중국 국내와 국제무술대회에서 10회 이상 금상을 수상한 경력을 가지고 있으며, 1972년부터 태극권 전수 활동을 시작하여 전국의 각 성시(省市)에 제자들이 두루 퍼져 있다.

　1983년부터는 국제적으로 태극권 보급 활동을 시작하여 일본·미국·프랑스·독일·이탈리아 등 20여 개국을 다니며 강연을 하였고, 2000년 12월에는 제자들과 함께 한국을 방문하여 세 차례의 강연과 아울러 시연을 보인 바 있다.

　그는 무술이론에도 조예가 깊어 ≪십대공법론(十大功法論)≫, ≪진씨태극권계회종(陳氏太極拳械滙宗)≫ 3권, ≪진식태극권양생공(陳式太極拳養生功)≫, ≪진씨태극권권술(陳氏太極拳拳術)≫, 대형화집인 ≪태극신공(太極神功)≫ 등 많은 저작을 남겼다. 이 서적들은 모두 태극권 연구의 귀중한 자료로 인정받아 부분적으로 일어와 영어로 번역되어 출판되기도 하였다.

1988년에는 고등교육출판사(高等敎育出版社)에서 ≪세전진씨태극권술(世傳陳氏太極拳術)≫의 교육용 비디오를 제작하였고, 1996년에는 인민교육출판사(人民敎育出版社)에서 진씨태극권(陳氏太極拳)·검(劍)·추수(推手)·양생공(養生功) 등의 교육용 비디오와 VCD를 시리즈로 제작하였다.

그는 1986년 초작시(焦作市) 6기 정협 상임위원(政協常任委員)으로 선출되었고, 1988년에는 하남성(河南省) 7기 인대 대표(人大代表)로 선출되었다.

또한, 태극권의 명사로서 ≪중국당대교육명인사전(中國當代敎育名人辭典)≫, ≪중국인물년감(中國人物年鑑)≫, ≪중국무술인명사전(中國武術人名辭典)≫, ≪당대개혁영재(當代改革英才)≫, ≪당대기술인재회췌(當代技術人才薈萃)≫, ≪세계명인록(世界名人錄)≫ 등에 그 이름이 기록되었다.

■ 원저자(原著者)의 서언(序言)

　중국무술의 기원은 매우 오래 되었으며 그 종류도 다양하다. 그중 태극권은 무술계의 꽃이라 불릴 만큼 독특한 장점과 특징을 지니고 있다. 특히, 태극권은 그 기격(技擊) 기능의 특출함과 신체 단련과 양생(養生)을 위한 탁월한 효능으로 많은 사람들의 사랑을 받고 있으며 근세에 이르러 국제적인 교류가 넓어짐에 따라 전세계로 급속히 보급되어 가고 있다.
　진씨태극권은 태극권 각 분파의 원조로 수 백년 동안 꾸준히 계승되고 발전해오면서, 강유상제(剛柔相濟)·쾌만상간(快慢相間)·찬붕도질(竄蹦跳跌)·송활탄두(鬆活彈抖) 등의 특징을 지니며, 무술계는 물론 국내외에서 그 명성을 누리게 되었다.
　본인은 어려서 백부(伯父) 진조비(陳照丕) 공(公)으로부터 진장흥(陳長興) 계통의 노가(老架) 일로(一路)와 이로(二路) 그리고 도(刀)·창(槍)·검(劍)·곤(棍) 등의 기계(器械)를 비롯하여 추수(推手)와 권술(拳術) 관련의 이론을 배웠다.
　1972년, 백부께서 돌아가시자, 다시 당숙(堂叔) 진조규(陳照奎) 공(公)으로부터 신가(新架) 일로(一路)와 이로(二路)를 비롯하여 추수(推手)와 금나(擒拿) 등의 기술을 배우며 한층 심도 있는 권술 이론을 공부하였다.
　다행히 20년간 훌륭하신 두 분 선생님의 가르침으로 각종 권법(拳法)과 병장기법(兵仗器法)을 터득할 수 있었다. 이후, 여러 사람들과 함께 실력을 갈고 닦으며 태극권에 대한 연구를 거듭하면서 비로소 그 오묘함을 깨닫게 되었다.
　1982년부터, 중국 정부에서는 중국무술을 보호, 육성하고 그 전통을 보전하기 위한 정책의 일환으로 태극권에 대한 발굴과 정리 작업을 진행하기 시작하였다. 진가구(陳家溝)에는 이전부터 진흠(陳鑫)·진자명(陳子明)·진조비(陳照丕) 등 선조들에 의해 정리된 태극권 관련 저서와 내용이 전해지고 있었다.

그러나, 그 내용이 너무 난해하여 초보자들은 이해하기가 어려웠다.

그래서, 항상 권술(拳術)의 투로(套路) 뿐만 아니라 기계(器械)의 투로(套路)를 비롯하여 진씨태극권론(陳氏太極拳論) 전반에 대한 체계적이고 실용적인 저서의 필요성을 절실히 느껴왔으나 마음만 앞설 뿐이었다.

그러나, 태극권 애호가들이 증가하고 이에 대한 사회적 관심도가 커짐에 따라 중국 각 성(省)·현(縣) 단위의 체육위원회의 열렬한 지지와 여러 동료들의 열성과 도움으로 마침내 1992년 ≪진씨태극권계회종(陳氏太極拳械匯宗)≫ 1, 2, 3권을 출판하게 되었다.

이 책은 신가(新架) 부분이 빠져 있지만 권(拳)과 기계(器械)의 태극권 전반을 집대성하여 종합적으로 기술한 것이다. 이 책에서는 독자들의 빠른 이해를 돕기 위해 각 권법의 특징과 수련법에 대한 설명 및 이론 부분을 첨가하였고 핵심적인 동작에 대한 자세한 서술과 사진을 덧붙였다. 특히 노가 일로(老架一路)에 대하여는 호흡방법과 내경(內勁)의 운행법 그리고 기격(技擊) 작용에 대해서 상세하게 기술함으로써 애호가들의 열렬한 호응을 받게 되었다.

근래에 이르러 수많은 태극권 애호가들이 이 책에서 누락된 진씨태극권 신가(新架) 부분의 보완에 대해 여러 차례 의견을 제기하였다. 그래서, 본인은 1997년 5월부터 당숙부 진조규(陳照奎) 공께서 전하신 내용과 기록에 근거하여 신가(新架) 부분을 집필하기 시작하여 1999년 진씨태극권술(陳氏太極拳術)을 출판하게 됨으로써, 그 동안의 숙제였던 태극권술 전반에 대한 저술의 완성을 보게 되었다.

이번에 이러한 본인의 저서가 방기한(方基漢) 선생에 의해서 한국의 태극권 애호가들에게 소개되는 기회를 가지게 된 것은 저자로서 한량없는 기쁨이 아닐 수 없다. 더욱이 오랫동안 본인에게서 직접 태극권을 배운 방 선생이 4년여의 오랜 기간에 걸쳐 온갖 어려움을 극복하고 이 책을 편찬하게 된 것은 그를 지도한 태극권 지도자로서 남다른 긍지와 보람을 갖게 되어 그 기쁨이 더욱 크고 감회가 새롭다. 방 선생은 본인의 제자이기에 앞서 태극권을 누구보다 잘 이해하는 본인의 절친한 친구이자 존경하는 동지이기도 하다. 그는 본인의 졸저를 한국어판으로 편찬하는 과정에서 정확한 의미를 찾기 위하여 본인과 여러 차례 논의를 하며 배우는 사람에게 조금이라도 도움이 되도록 해석하고 표현하기 위하여 온갖 정성을 기울이었다. 본인은 이 책이 한국의 태극권 애호가들에게 많은 도움을 줄 수 있는 훌륭한 지침서가 될 것이라고 확신한다.

   오늘의 이 출판이 있기까지 온갖 어려움을 극복하고 편찬 작업에 진력하여 주신 방기한(方基漢) 선생 내외분과 중국 하남성(河南省)의 김홍경(金宏卿) 동지에게 원저자(原著者)로서 깊은 감사를 드리며, 아울러 이 자리를 빌어 원저(原著)의 정리와 편집에 참여하여 성심껏 도와주셨던 중국 하남성(河南省) 체육위원회 여러분과 노려려(路麗麗)·최광박(崔廣博)·장학성(張學成)·진연(陳娟)·진빈(陳斌) 동지들에게 감사드린다.
   아직 이 저술의 내용에 미흡한 부분이 많을 것이라고 생각한다. 한국의 태극권 애호가 여러분의 충고와 지적을 부탁드린다.

진정뢰(陳正雷)
2002년 3월 중국 정주(鄭州)에서

■ 편자(編者)의 글

《내용》
- 이 책의 원전(原典)에 관하여
- 이 책의 편집 체계
- 이 책을 소개하게 된 동기
- 교재를 효율적으로 이용하는 방법
- 맺는 말

■ 이 책의 원전(原典)에 관하여

이 책은 태극권가(太極拳家)의 19세손(世孫)이며, 진씨태극권(陳氏太極拳)의 11대 전승자(傳承者)인 진정뢰(陳正雷) 노사(老師)가 저술한 아래 서적에 수록된 내용을 우리 독자들이 이해하기 쉽도록 해석하고 재정리하여 편찬한 것이다.

- 진씨태극권계회종(陳氏太極拳械匯宗) 1, 2, 3권, 1989년~1994년 발행
- 진씨태극권술(陳氏太極拳術), 1999년 발행
- 진씨태극권 양생공(陳氏太極拳養生功), 1996년 발행

진씨태극권계회종(陳氏太極拳械匯宗)은 책의 제목에서 의미하는 바와 같이 권(拳)과 기계(器械)의 전반에 걸쳐 태극권의 이론(理論)과 실제(實際)를 집대성한 종합편이라 할 수 있는 진정뢰(陳正雷) 대사의 노작이다. 그러나 이 저작은 신가태극권(新架太極拳)에 대한 내용을 일체 언급하지 않음으로써 태극권사(太極拳史)에 길이 빛날 역작임에도 옥에 티와 같은 흠을 지니고 있었다.

이러한 진씨태극권계회종(匯宗)의 흠결을 보완하기 위하여 발행된 것이 진씨태극권술(陳氏太極拳術)이다. 이 책은 회종(匯宗)편의 일부 내용을 수정 보완함과 아울러 회종(匯宗)편에서 공개하지 않았던 신가 일로(新架一路)와 신가 이로(新架二路)를 추가하여 수록하였다.

따라서 이 진씨태극권술이 현대적인 감각을 갖춘 장정본(裝幀本)으로 발행된 것은 지금까지 진씨(陳氏) 가문 내에서만 비전(秘傳)되어 왔던 태극권의 비결(秘訣)이 명실상부하게 세상에 완전하게 공개되었다는 역사적인 의의를 지니고 있는 것이다.

태극권을 배우고 연구하는 사람들을 위하여 위의 서적들의 내용을 간략히 소개하니, 참고하기 바라는 바이다.

○ 진씨태극권계회종(陳氏太極拳械匯宗) 전 3권, 고등교육출판사 발행.

　　제 1권 : 태극권 개술(槪述), 노가일로(老架一路),
　　　　　　단검(單劍), 단도(單刀).
　　제 2권 : 노가 이로(老架二路), 태극창(太極槍),
　　　　　　춘추대도(春秋大刀), 십삼간(十三杆),
　　　　　　태극권 내기(內氣) 실천론과 경락학설,
　　　　　　진씨태극권론(陳氏太極拳論).
　　제 3권 : 오종 추수(五種推手), 쌍검(雙劍), 쌍도(雙刀), 쌍간(雙鐧),
　　　　　　삼간(三杆)과 팔간(八杆)의 대련(對鍊),
　　　　　　초(梢)와 간(杆)의 대련(對鍊),
　　　　　　진씨태극권가 열전(陳氏太極拳家列傳).

○ 진씨태극권술(陳氏太極拳術), 산서(山西)과학기술출판사 발행.

　　태극권 개술(槪述),
　　노가 일로(老架一路)와 노가 이로(老架二路),
　　신가 일로(新架一路)와 신가 이로(新架二路),
　　추수법(推手法), 산수(散手) 용법(用法),
　　내기(內氣) 실천론과 경락학설,
　　진씨태극권론(陳氏太極拳論),
　　진씨 가전(陳氏家傳).

○ 진씨태극권 양생공(陳氏太極拳養生功), 인민체육출판사 발행.

　　양생공(養生功)의 공리(功理),
　　기본공(基本功) 훈련과 태극배원양기법(太極培元養氣法),
　　진씨태극권 정요 18식(精要十八式).

■ 이 책의 편집 체계

　이 교재는 원전(原典)의 내용을 충실하게 소개함과 아울러 초보자가 쉽게 이해할 수 있도록 그 내용을 해석하고 재정리하여 편찬하였다.
　아울러 배우는 사람의 학습 효과를 극대화할 수 있도록 부교재로 동영상(動映像) 시청각 자료(VCD 또는 DVD)를 같이 발행함으로써 태극권의 이론과 실제를 명실상부하게 겸비하고자 노력하였다.
　이 시청각 교재는 이 책의 원저자인 진정뢰(陳正雷) 대사(大師)가 직접 시범을 보이며 강의를 진행하고 있기 때문에 그 신뢰성을 의심할 필요가 없는 매우 유익한 학습 자료라 할 수 있다.

　책과 영상자료의 구성 내용을 간단히 요약하면 다음과 같다.

제1권 권론(拳論)과 기본공(基本功) 편
　【책의 내용】
　　　편자(編者)의 글 : 초심자(初心者)를 위한 도움말.
　　　태극권의 발전 과정.
　　　진씨태극권의 특성과 효용.
　　　연공(練功) 법칙과 수련방법.
　　　기본동작과 전사경(纏絲勁).
　　　경락학설과 내기(內氣) 수련법.
　　　양생공(養生功) 수련법.
　　　태극권론(太極拳論)
　　　진씨태극권의 문규(門規)와 가전(家傳)
　【관련 영상교재】
　　　진씨태극권 노가1로와 2로, 신가1로, 태극단검, 태극단도, 5종 추수법.
　　　태극권정요 18식 등 진씨태극권의 각종 투로 전반에 대한 소개와 감상.
　　　기본 동작, 전사경(纏絲勁) 및 양생공(養生功) 수련법 해설.

제2권 진씨태극권 노가 1로(老架一路) 편
　【책의 내용】노가 1로 전 투로의 각 권가(拳架)에 대한 동작, 내경(內勁),
　　　　　　　호흡, 응용법 및 유의 사항과 요점을 상세하게 해설.
　【관련 영상교재】노가 1로의 모든 동작에 대한 세부 설명과 시범.

제3권 진씨태극권 신가 1로(新架一路) 편
　【책의 내용】신가 1로 전 투로의 각 권가(拳架)에 대한 상세한 해설.
　【관련 영상교재】신가 1로의 모든 동작에 대한 세부 설명과 시범.

　※향후 발행 예정인 교재의 내용
　　　　　　노가 2로(老架二路), 신가 2로(新架二路),
　　　　　　태극오종추수법(太極五種推手法), 태극검(太極劍),

이 책을 편찬함에 있어 가급적 원저(原著)의 뜻을 충실하게 전달하려고 애쓰다보니, 어휘를 선택함에 있어 한자(漢字)를 많이 쓰지 않을 수 없는 어려움이 있었다는 점을 밝혀둔다.

그러나 한편으로는 여기에 쓰인 대부분의 인용 한자들이 태극권을 수련하는 사람으로서 숙지하여 두면 반드시 큰 도움이 될 것으로 생각하며, 그러한 점에서 가능한 한 많은 주석(註釋)과 색인(索引)을 붙여 독자의 이해를 돕도록 노력하였다.

■ 이 책을 소개하게 된 동기

나는 이 책을 국내에 소개하기 위하여 사 년여의 세월을 진(陳) 노사(老師)의 저서와 씨름하며 지냈다. 중국어의 전문가가 아닌 내가 이 책을 번역하고 편찬하는 작업에 뛰어든 것 자체가 어찌 보면 무모하고 주제넘은 일이라고도 할 수 있다.

그럼에도 불구하고 중국어 전문가들의 도움을 받아가며 이 어려운 작업에 애착을 가지고 매달려온 것은 내 자신이 태극권에 매료되어 있는 까닭이기도 하지만, 오래도록 태극권을 바르게 배울 수 있는 길을 찾아 헤매던 나에게 이 책의 원저자이자 나의 스승인 진정뢰(陳正雷) 노사(老師)가 자신의 저술을 통하여 전하는 메시지가 너무도 극명하여 오랜 세월 감추어 왔던 비전(秘傳)의 장막이 한순간에 걷히는 감회를 느끼지 않을 수 없었기 때문이다. 이러한 감회를 한국의 태극권 애호가들에게도 전하여 그 즐거움을 같이 나누는 것이 태극권을 아끼고 사랑하는 사람으로서의 참다운 도리라는 생각에서 나로서는 버거운 일인 줄 알면서도 이 일을 해야겠다는 결심을 하였던 것이다.

나는 진씨태극권을 배우고 싶어하는 초학자(初學者)들이나 이미 수련의 길에 들어 배움의 과정에 있는 수련자들이 내가 겪어왔던 우여곡절을 되풀이하지 않기를 바라면서 이 교재의 원고를 정리하였다. 수련의 길목이나 그 과정에서 비합리적이거나 효율성이 떨어지는 수련 방법을 가급적 줄이고, 정보의 부족으로 인하여 허언(虛言)에 유혹되거나 그로 인해 방황하는 일이 없기를 바라는 마음 간절하다.

물론 이 교재만으로 진씨태극권을 독습(獨習)하여 완성하기는 매우 어렵다.

그러나 이 교재가 초학(初學)의 길에서 길 밖으로 벗어나지 않도록 도와주는 방비(防備)가 되고, 길을 찾지 못해 헤맬 때 그 도리를 깨쳐주는 지침(指針)이 될 뿐만 아니라, 이룸과 깨침이 오는 것을 확신의 단계로 이끌어 주는 지표(指標)가 될 수 있을 것이라고 믿는다. 또한 후학(後學)을 이끌고 있는 지도자에게는 교습의 자료로 활용한다 하여도 크게 부끄럽지 않은 교재가 될 것이라고 생각한다.

그러면서도 이 교재를 편 자로서 아쉬운 점은 본인의 능력과 여건에 부족한 점이 많아 더 분명하면서도 더 쉬운 길을 안내하는 학습자료를 준비하여 논리를 전개하지 못한 점이 없지 않다는 것이다. 앞으로 개선해 나가도록 계속 노력할 것이다.

■ 교재를 효율적으로 이용하는 방법

태극권을 배우고자 하는 사람이 이 교재를 학습자료로 사용하고자 한다면 책과 동영상 자료를 함께 활용하여 수련하기를 권고한다. 왜냐하면 그러한 학습 방법이 수련효과를 배가할 것이 분명하기 때문이다.

영상자료를 보고 또 보며 미세한 동작까지도 놓치지 않도록 관찰하는 자세가 중요하다. 영상자료를 보면서 진정뢰(陳正雷) 노사가 보여주는 시범 동작의 이미지를 기억하도록 노력한다.

아울러 영상자료의 각 동작을 책의 내용과 비교 검토하여 그 동작에 숨어 있는 의미를 확인하는 과정을 거치는 것이 반드시 필요하다. 그렇게 하면, 각 동작의 이미지(image)를 실제 동작으로 구체화하는 데 큰 도움이 된다.

이러한 학습 방법에 대하여 자신감을 가지고 권고할 수 있는 것은 이 책의 원저자이며 동시에 동영상 교재의 강사로서 시범을 보이고 있는 진정뢰(陳正雷) 대사가 진씨태극권의 직계 전승자로 당대의 종사(宗師)일 뿐만 아니라 태극권 지도자로서 그의 기량이 가장 원숙한 단계에 이르렀을 때 이 동영상 교재가 제작되어 그의 시범과 강의 내용에 부족함이 없기 때문이다.

일반적으로 태극권이 배우기 어렵다고 느껴지는 것은 그 동작이 생소하여 쉽게 기억되지 않기 때문이다. 그러나 동영상 자료를 통하여 세세한 동작 하나 하나를 확인하며 이미지트레이닝(image training)을 반복하게 되면 아무리 어려운 동작이라 하더라도 기억하기가 수월해지고 잘못된 자세나 동작을 교정하고 개선하는 학습효과가 매우 높아지게 된다. 더욱이 내경(內勁)의 운용을 익혀야 하는 단계에 이르게 되면 이러한 이미지트레이닝은 자연스럽게 의념(意念)을 일으키는 효과가 있기 때문에 기(氣)의 소통을 원활하게 하여 형(形)과 내기(內氣)를 결합하는 데도 도움이 된다.

이 때에도 믿을 수 있는 지도자의 도움과 지도를 받는 것이 무엇보다 중요하다는 것은 말할 것도 없다.

■ 맺는 말

끝으로 이 책이 출판되어 나오기까지 물심양면으로 아낌없는 도움과 조언을 주신 많은 분들께 감사를 드린다.

내가 중국을 드나들 때마다 통역과 안내를 맡아주고 특히 진(陳) 노사와의 의사소통을 원만하게 이끌어준 중국 하남성(河南省)의 한국과장이며 나의 의제(義弟)인 김홍경(金宏卿) 아우님과 지난 4년여 이 일에 매달리는 동안 온갖 어려운 일들이 많았음에도 불구하고 끝까지 번역 작업을 도와준 서울대학교 대학원의 홍혜진(洪惠珍) 선생의 도움이 없었다면 이 책이 출간되기가 어려웠을 것이다.

그리고 내가 힘들 때마다 의지가 되어 주고 원고를 살펴준 홍제암(弘濟庵)의 동초(東初) 스님, 늘 격려를 아끼지 않고 용기를 북돋우어준 창원의 박일철(朴一哲) 관장에게 고마운 마음 전하는 바이다.

또한 이 책은 아마도 도서출판 다섯수레의 김태진(金泰振) 사장님의 배려와 김경회(金敬會) 주간님의 도움이 없었다면 결코 햇빛을 보지 못했을 것이다. 책을 출판하는 일에 대하여 아는 바라고는 조금도 없는 나에게 다만 밀알회(학원장학회 출신자 친목회)의 후배라는 인연으로 하여 책을 만들어 가는 모든 과정을 꼼꼼히 살펴가며 무거운 짐을 같이 져 주신 김경회 선배님께는 어떤 말로도 그 고마운 정을 표현할 길이 없다. 앞으로 살아가며 내 사명감을 다함으로써 두고두고 그 은혜에 보답할 길을 찾을 것이다.

내가 태극권의 세계에 발을 들여놓은 이후 민망할 정도로 그 일에 빠져들어 헤매고 다니는 것을 격려로써 지켜 보아준 아내와 두 딸 수현이와 혜원이에게 고마움과 사랑의 마음을 전한다. 아울러 이 자리를 빌어 오래도록 만나지 못한 아우들에게 그 동안 나누지 못했던 그리운 정과 함께 나의 조그만 공부에 대한 소식을 전하며 우리 모두 더 깊은 마음 공부를 일구어 나갈 수 있기를 기원한다.

이 책에는 아직 미흡한 점이 많이 있다고 생각한다. 태극권을 사랑하는 아호가 여러분의 충고와 지적을 부탁드린다.

2002년 6월 동선재(動禪齋)에서
방 기 한

■ 차례
진씨태극권(Ⅲ) / 신가일로 편

- 원저자 소개   5
- 원저자의 서언   7
- 편자의 글   10

제 1 장 진씨태극권 신가 일로(新架一路) 개요   21

제 2 장 진씨 태극권 신가일로(新架一路) 도해(圖解)   25

1. 진씨태극권 신가 일로 권식(拳式)의 명칭   26

2. 동작의 도해(圖解)를 활용하는 방법   28

3. 진씨태극권 신가 일로(新架一路) 동작 해설   29

제1식 예비세(預備勢)　　29	제13식 전당요보(前蹚拗步)　　65
제2식 금강도대(金剛搗碓)　　30	제14식 엄수굉추(掩手肱捶)　　67
제3식 나찰의(懶扎衣)　　34	제15식 제3금강도대(第三金剛搗碓)72
제4식 육봉사폐(六封四閉)　　39	제16식 별신추(撇身捶)　　75
제5식 단편(單鞭)　　42	제17식 청룡출수(靑龍出水)　　81
제6식 제2금강도대(第二金剛搗碓)45	제18식 쌍추수(雙推手)　　83
제7식 백학량시(白鶴亮翅)　　49	제19식 삼환장(三換掌)　　86
제8식 사행요보(斜行拗步)　　51	제20식 주저간추(肘底看捶)　　87
제9식 초수(初收)　　55	제21식 도권굉(倒卷肱)　　89
제10식 전당요보(前蹚拗步)　　57	제22식 퇴보압주(退步壓肘)　　93
제11식 제2사행요보(第二斜行拗步)60	제23식 중반(中盤)　　97
제12식 재수(再收)　　63	제24식 백학량시(白鶴亮翅)　　101

제25식 사행요보(斜行拗步) 102	제53식 옥녀천사(玉女穿梭) 175
제26식 섬통배(閃通背) 104	제54식 나찰의(懶扎衣) 178
제27식 엄수굉추(掩手肱捶) 110	제55식 육봉사폐(六封四閉) 179
제28식 대육봉사폐(大六封四閉) 113	제56식 단편(單鞭) 181
제29식 단편(單鞭) 117	제57식 운수(雲手) 182
제30식 운수(雲手) 119	제58식 쌍파각(雙擺脚) 184
제31식 고탐마(高探馬) 122	제59식 질차(跌岔) 185
제32식 우찰각(右擦脚) 125	제60식 금계독립(金鷄獨立) 187
제33식 좌찰각(左擦脚) 128	제61식 도권굉(倒卷肱) 190
제34식 전신좌등일근	제62식 퇴보압주(退步壓肘) 191
(轉身左蹬一跟) 130	제63식 중반(中盤) 192
제35식 전당요보(前䠟拗步) 132	제64식 백학량시(白鶴亮翅) 192
제36식 격지추(擊地捶) 134	제65식 사행요보(斜行拗步) 192
제37식 이기각(二起脚)	제66식 섬통배(閃通背) 192
(척이기: 踢二起) 138	제67식 엄수굉추(掩手肱捶) 192
제38식 호심권(護心拳)	제68식 대육봉사폐(大六封四閉) 192
(수두세: 獸頭勢) 140	제69식 단편(單鞭) 193
제39식 선풍각(旋風脚) 144	제70식 운수(雲手) 193
제40식 우등일근(右蹬一跟) 146	제71식 고탐마(高探馬) 193
제41식 엄수굉추(掩手肱捶) 148	제72식 십자단파각(十字單擺脚) 193
제42식 소금타(小擒打) 151	제73식 지당추(指襠捶) 198
제43식 포두추산(抱頭推山) 154	제74식 백원탐과(白猿探果) 201
제44식 삼환장(三換掌) 157	제75식 소육봉사폐(小六封四閉) 203
제45식 육봉사폐(六封四閉) 158	제76식 단편(單鞭) 203
제46식 단편(單鞭) 160	제77식 포지금(鋪地錦) 205
제47식 전초(前招) 161	제78식 상보칠성(上步七星) 206
제48식 후초(後招) 163	제79식 퇴보과호(退步跨虎) 208
제49식 야마분종(野馬分鬃) 164	제80식 전신쌍파련(轉身雙擺蓮) 211
제50식 대육봉사폐(大六封四閉) 170	제81식 당두포(當頭炮) 213
제51식 단편(單鞭) 172	제82식 금강도대(金剛搗碓) 217
제52식 쌍진각(雙震脚) 173	제83식 수세(收勢) 218

≪제3권 찾아보기≫

제 1 장
진씨태극권 신가 일로(新架一路) 개요

■ 신가일로(新架一路) 개요

 진씨태극권(陳氏太極拳) 신가식(新架式)은 중국 하남성(河南省) 진가구(陳家溝)의 진씨(陳氏) 제14세조 진장흥(陳長興)의 전통적인 노가(老架) 계열에 속하는 태극권으로서 제17세조인 진발과(陳發科) 대사(大師)에 의해서 창안된 것이다.

 진발과(陳發科) 대사는 근대 진씨태극권을 확립한 대표적인 인물로 고향을 떠나 북경에서 30여 년 동안 태극권을 지도하였다. 그 기예가 출중하여 당시 무예계에서는 독보적인 존재로 추앙을 받았으며, 그의 문하에서는 중국 국내뿐만 아니라 해외에서도 많은 제자들이 배출되어 범세계적으로 태극권이 알려지는 계기가 되었다.

 만년에 이르러 그는 집안 대대로 전해 내려오는 권법의 기초 위에서 자신이 그 동안 체험적으로 얻은 경험과 제자들을 가르치며 실천하여 온 교학(敎學)의 내용을 정리하고 집대성하여, 신가 일로(新架一路)와 신가 이로(新架二路)를 새로이 창편하였다.

 그는 여생이 다 할 때까지 자신이 창조한 신가 투로(套路)에 끊임없는 수정과 보완을 가하였으며, 이 작업은 대를 이어 계속되어 마침내 그의 아들인 진조규(陳照奎)가 이를 정형화하여 오늘날과 같은 형태의 투로가 완성되었다.

 이것은 중국 국내뿐만 아니라 해외에까지 전파되어 보편화되기에 이르렀으며, 장기간에 걸쳐 온갖 정성과 혼신의 힘을 다하여 이 신가(新架) 투로가 편성

된 만큼, 노가(老架)와 비교하여 운동속도나 강도, 신법(身法)의 경로 등 여러 방면에서 다른 점이 많다.

진장흥(陳長興)과 동시대의 인물이었던 제14세조 진유본(陳有本)이 창안한 권법을 당시에는 신가(新架)라고 불렀다. 그러나 진발과(陳發科)가 창조한 권법이 유행하면서부터 진가(陳家)에서는 진유본(陳有本)이 창안한 권법을 소가(小架)라고 개칭하여 부르게 되었다.

본 편에서 소개하는 신가 일로(新架一路)는 저자인 진정뢰(陳正雷)의 당숙(堂叔)이며 동시에 스승인 진조규(陳照奎) 선생이 친히 그에게 전한 것이다.
이 투로의 특징은 가식(架式)이 관대하고 차분하며 중후하다는 점이다.
이 권가(拳架)는 '붕리제안(掤攦擠按)' 사정수(四正手)의 운용을 위주로 하고 '채열주고(採挒肘靠)' 사우수(四隅手)의 운용을 보충으로 삼는다.
그러므로 유화경(柔化勁)을 위주로 하고 발경(發勁)을 보충으로 삼으며, 부드러움 속에 강함이 깃들이도록 하고 유순(柔順)함을 힘써 추구한다.
외형에 있어서도 완만하고 부드럽고 침착함을 위주로 하고, 빠르고 강하며 뛰는 것은 보충으로 삼는다.

이 투로를 단련할 때는 반드시 유념하여 지켜야 할 운경(運勁)의 규범이 있다.
진씨태극권의 모든 동작이 그러하지만 신가식(新架式)에 있어서도 이신영수(以身領手)[1]하여야 한다. 특히 나선전사경(螺旋纏絲勁)을 확실하게 체득하고 이요위축(以腰爲軸)[2]하여 팔목과 어깨를 선전(旋轉)하고, 허리를 선전하며, 샅〔胯:과〕과 무릎을 선전하고, 흉요절첩(胸腰折疊)[3]함으로써 전체적으로 통일된 공간곡선운동을 형성해야 한다는 것이다.

---

1) 몸으로 손의 움직임을 이끌어감.
2) 허리가 모든 움직임의 축이 되도록 함.
3) 절첩(折疊)은 꺾어 접거나 개키는 것을 의미한다. 몸을 방송(放鬆)한 상태에서 관절이나 몸의 일부를 구부리거나 꺾어 탄력성 있는 파동을 만들어 경(勁)의 흐름을 촉진하거나 강화하는 방법이다. 일반적으로 전신을 방송한 상태에서 가슴과 허리를 비롯한 몸통 부위에서 채적의 파동과 같은 탄력성 있는 동작을 함으로써 손의 동작과 경(勁)의 흐름을 원활하게 유도하는 것이다. 진씨태극권에서는 이러한 절첩의 동작이 많이 나온다.

제 2장
진씨태극권 신가일로(新架一路) 도해(圖解)

1. 진씨태극권 신가 일로 권식(拳式)의 명칭

제1식 예비세(預備勢)
제2식 금강도대(金剛搗碓)
제3식 나찰의(懶扎衣)
제4식 육봉사폐(六封四閉)
제5식 단편(單鞭)
제6식 제2금강도대(第二金剛搗碓)
제7식 백학량시(白鶴亮翅)
제8식 사행요보(斜行拗步)
제9식 초수(初收)
제10식 전당요보(前蹚拗步)
제11식 제2사행요보(第二斜行拗步)
제12식 재수(再收)
제13식 전당요보(前蹚拗步)
제14식 엄수굉추(掩手肱捶)
제15식 제3금강도대(第三金剛搗碓)
제16식 별신추(撇身捶)
제17식 청룡출수(青龍出水)
제18식 쌍추수(雙推手)
제19식 삼환장(三換掌)

제20식 주저간추(肘底看捶)
제21식 도권굉(倒卷肱)
제22식 퇴보압주(退步壓肘)
제23식 중반(中盤)
제24식 백학량시(白鶴亮翅)
제25식 사행요보(斜行拗步)
제26식 섬통배(閃通背)
제27식 엄수굉추(掩手肱捶)
제28식 대육봉사폐(大六封四閉)
제29식 단편(單鞭)
제30식 운수(雲手)
제31식 고탐마(高探馬)
제32식 우찰각(右擦脚)
제33식 좌찰각(左擦脚)
제34식 전신좌등일근(轉身左蹬一跟)
제35식 전당요보(前蹚拗步)
제36식 격지추(擊地捶)
제37식 이기각(二起脚)(척이기:踢二起)
제38식 호심권(護心拳)(수두세: 獸頭勢)

제39식 선풍각(旋風脚)
제40식 우등일근(右蹬一跟)
제41식 엄수굉추(掩手肱捶)
제42식 소금타(小擒打)
제43식 포두추산(抱頭推山)
제44식 삼환장(三換掌)
제45식 육봉사폐(六封四閉)
제46식 단편(單鞭)
제47식 전초(前招)
제48식 후초(後招)
제49식 야마분종(野馬分鬃)
제50식 대육봉사폐(大六封四閉)
제51식 단편(單鞭)
제52식 쌍진각(雙震脚)
제53식 옥녀천사(玉女穿梭)
제54식 나찰의(懶扎衣)
제55식 육봉사폐(六封四閉)
제56식 단편(單鞭)
제57식 운수(雲手)
제58식 쌍파각(雙擺脚)
제59식 질차(跌岔)
제60식 금계독립(金鷄獨立)
제61식 도권굉(倒卷肱)

제62식 퇴보압주(退步壓肘)
제63식 중반(中盤)
제64식 백학량시(白鶴亮翅)
제65식 사행요보(斜行拗步)
제66식 섬통배(閃通背)
제67식 엄수굉추(掩手肱捶)
제68식 대육봉사폐(大六封四閉)
제69식 단편(單鞭)
제70식 운수(雲手)
제71식 고탐마(高探馬)
제72식 십자단파각(十字單擺脚)
제73식 지당추(指襠捶)
제74식 백원탐과(白猿探果)
제75식 소육봉사폐(小六封四閉)
제76식 단편(單鞭)
제77식 포지금(鋪地錦)
제78식 상보칠성(上步七星)
제79식 퇴보과호(退步跨虎)
제80식 전신쌍파련(轉身雙擺蓮)
제81식 당두포(當頭炮)
제82식 금강도대(金剛搗碓)
제83식 수세(收勢)

2. 동작의 도해(圖解)를 활용하는 방법

1) 이 책의 도해(圖解)를 보는 데에 있어 운동의 방향은 정면을 향해 바르게 서있는 예비식(豫備式) 자세를 기준으로 하여 앞쪽을 남(南), 뒤쪽을 북(北), 왼쪽을 동(東), 오른쪽을 서(西)로 하였다.

책 속에서 동작의 방향을 표시하는 방법은 "몸을 좌전(左轉)한다, 우전(右轉)한다" 또는 "오른쪽으로 돈다, 왼쪽으로 돈다" 등으로 표시하였다.

숙련된 후에는 방향의 제한을 받지 않고 수련하여도 무방하나 자신의 운동 방향을 정확하게 알고 있어야 한다.

2) 독자에게 등을 향하게 되는 동작은 이를 정면 또는 측면에서 바라본 동작을 추가하였으니 운동 방향에 혼동됨이 없이 도해를 참고하길 바란다.

3) 처음 배울 때에는, 모든 동작에서 언급하고 있는 호흡, 내경(內勁), 용법 등의 사항에 집착하여 그대로 모방하려고 애쓰지 않는 것이 좋다. 우선 운행노선과 동작의 요구 사항을 중심으로 투로(套路)를 연습해서 어느 정도 기초가 쌓이면, 이때 호흡, 내경, 용법 등을 결합하여 점차 터득하도록 한다. 그렇지 않으면, 연습 중에 동작이 끊겨서 매끄럽게 연결되지 않거나, 억지로 힘을 써 몸이 경직되므로 반드시 주의해야 한다.

4) 이 책의 부교재인 동영상(動映像) 자료(VCD)를 최대한 활용할 것을 권고한다. 이 책의 원저자인 진정뢰(陳正雷) 노사가 직접 시범을 보이며 강의를 진행하고 있기 때문에 그 신뢰성을 의심할 필요가 없는 매우 유익한 학습 자료이다. 영상자료를 보고 또 보며 미세한 동작까지도 놓치지 않도록 관찰하는 자세가 중요하다.

독자들은 먼저 동영상 자료와 책의 도해를 통하여 운행노선을 충분히 이해한 다음, 중간에 동작을 끊지 말고 연속적으로 진행하며 연습하는 것이 좋다.

3. 진씨태극권 신가 일로(新架一路) 동작 해설

제1식 예비세(預備勢)

동작

두 발을 가지런히 하여 바른 자세〔正姿勢: 정자세〕로 서서 입신중정(立身中正)한다. 두 팔은 몸 양측 아래로 늘어뜨려 손바닥이 몸 쪽으로 향하게 하고, 머리는 자연스럽게 바로 하고, 입술과 이는 살짝 다물고, 혀끝은 입천장의 이뿌리 쪽을 살짝 떠받치며, 두 눈은 수평으로 정면을 바라본다.(그림 3-1)

(그림 3-1)

≪요점≫

예비세(預備勢)는 태극권 투로의 연습을 시작하기에 앞서 의식과 자세를 준비하는 단계이다.

총체적으로 지켜야 할 요점은 심정체송(心靜體鬆)[4]하고, 내고정신(內固精神), 의시안일(外示安逸)[5]하는 것이다.

이를 위해 구체적으로 지켜야 할 바를 살펴보면, 신법중정(身法中正), 허령정경(虛領頂勁), 하해내수(下

---

[4] 마음은 청정(淸靜)하게 하고, 몸은 방송(放鬆)함.
[5] 안으로는 정신을 굳건히 하면서 밖으로는 편안한 모습을 보이는 것.

함내수(頷內收)[6], 송견침주(鬆肩沈肘), 함흉탑요(含胸塌腰), 당원이허(襠圓而虛)[7], 굴슬송과(屈膝鬆胯), 십지조지(十趾抓地)[8], 용천요허(湧泉要虛)[9], 호흡자연(呼吸自然), 의존단전(意存丹田)해야 한다.

제2식 금강도대(金剛搗碓)

동작1

우과(右胯)[10]를 방송(放鬆)하며 중심을 오른쪽으로 옮기고, 왼발을 들어 왼쪽으로 반보 벌려 어깨보다 약간 넓게 하여 확고하게 착지하며, 중심을 두 다리의 가운데로 옮긴다.

눈은 전방을 본다.(그림 3-2)

(그림 3-2)

동작2

굴슬송과(屈膝鬆胯)하며 몸을 나선하침(螺旋下沈)[11]하고, 두 팔을 조금 굽히며 들어올리는데, 손바닥은 아래로 향하고, 열 손가락은 자연스럽게 아래로 늘어뜨린다.

계속하여 손등으로 영경(領勁)[12]하며 두 손을 겨드랑이와 수평이 되는 높이까지 천천히 들어올린다.(그림 3-3)

(그림 3-3)

---

6) 아래턱을 안으로 당김.
7) 당(襠)을 둥글고 허(虛)하게 함.
8) 열 개의 발가락으로 땅을 움켜 쥠.
9) 용천혈(湧泉穴)을 허(虛)하게 함.
10) 이 책에서는 우과(右胯), 좌과(左胯), 송과(鬆胯) 등 과(胯)에 대한 서술이 많다. 과(胯)는 샅, 사타구니, 고관절, 엉덩이와 같은 의미를 지니고 있으므로 그 상황에 맞는 해석이 필요함.
11) 나선형(螺旋形)으로 경(勁)의 흐름을 유도하며 몸을 아래로 낮추어 내림.
12) 경(勁)을 이끌어감. 경을 이끈다 함은 운기(運氣)한다는 의미를 내포하고 있으며 원만한 영경을 하기 위해서는 기감(氣感)이 살아 있어야 함.

(그림 3-4)

(그림 3-5)

　　이어 몸을 약간 좌전(左轉) 하침(下沈)하며, 중심을 약간 오른쪽으로 기울인다.

　　동시에 두 손을 좌역우순전(左逆右順纏)하여 왼쪽 아래로 호(弧)를 그리며 안출(按出)[13]한다.(그림 3-4)

　　이어 몸을 계속 좌전 하침하고, 두 손을 좌역우순전하며 좌상방으로 붕출(掤出)[14]하는데 어깨보다 약간 높게 한다.

　　이때 오른손의 손바닥은 위로 향하고 손가락은 앞으로 향하며, 왼손은 손바닥이 앞으로 향하고 손가락은 위로 향한다.

　　눈은 좌전방을 본다.(그림 3-5)

동작3

　　왼무릎을 굽히며 우과(右胯)를 방송(放鬆)하고, 몸을 우전(右轉)하면서 중심을 왼쪽으로 이동한 다음, 오른쪽 발끝을 우측 바깥쪽으로 돌린다.

(그림 3-6)

---

13) 안(按)의 동작으로 움직이거나 자세를 취함.
14) 붕(掤)의 동작으로 움직이거나 자세를 취함.

(그림 3-7) (그림 3-8)

동시에 두 손을 좌순우역전(左順右逆纏)으로 뒤집어 돌려 붕경(掤勁)을 더하면서 몸의 우전(右轉)과 함께 우후방으로 호(弧)를 그리며 상리(上掤)한다.(그림 3-6)

이어 중심을 오른쪽으로 이동하며 오른발의 착지를 단단히 하고, 몸을 약간 우전(右轉) 하침(下沈)하며 왼다리의 무릎을 치켜든다.

이어 몸을 하침하며 두 손을 바깥 위쪽으로 들어올리며 붕경을 더한다.(그림 3-7)

동작4

왼발을 좌전방으로 뻗어서, 발꿈치 안쪽으로 착지하고 발끝을 위로 세워 안으로 당긴다.(그림 3-8)

이어 좌과(左胯)[15]를 방송(放鬆)하고 중심을 왼쪽으로 이동하며 몸을 좌전(左轉)한다. 중심 이동과 더불어 왼발은 발꿈치를 축으로 하여 발끝을 바깥쪽으로 돌리며 착지를 단단히 한다.

동시에 두 손은 우후방으로 상리(上掤)하다가 아래로 돌려 좌역우순전(左逆右順纏)으로 하호(下弧)를 그리며 전방으로 향한다. 이때 왼손은 수도(手刀)로

---

15) 왼쪽 과(胯: 샅, 사타구니, 고관절, 엉덩이)

경(勁)을 이끌며 앞으로 붕출(掤出)하고, 오른손은 오른쪽 무릎의 위쪽에 위치한다.

눈은 전방을 바라본다.(그림 3-9)

동작5

왼손은 앞으로 료장(撩掌)[16]하고, 오른손은 손바닥이 뒤로 향하는데, 앞뒤로 순간적인 탄성(彈性)을 발하며 두 손의 동작을 배합한 뒤, 몸의 중심이 앞으로 옮겨가는 것을 따라 오른손을 아래로 돌려 두 손을 모은다.

바로 이어 왼손을 가슴 앞으로 거둬들여 오른팔의 안쪽에 손바닥이 아래로 향하게 붙이고, 오른손은 전상방으로 들어올려 왼손이 팔의 안쪽으로 오도록 한다.

아울러 오른발을 왼발의 우전방으로 상보(上步)하고 발끝으로 살짝 착지한다.

이때 오른손의 장심(掌心)은 위로 향하고 손가락 끝은 앞으로 향한다.

눈은 전방을 바라본다.(그림 3-10, 그림 3-11)

(그림 3-9)

(그림 3-10)

(그림 3-11)

---

16) 손을 걷어올리거나, 치켜들거나, 쓸어올리는 동작.

(그림 3-12)

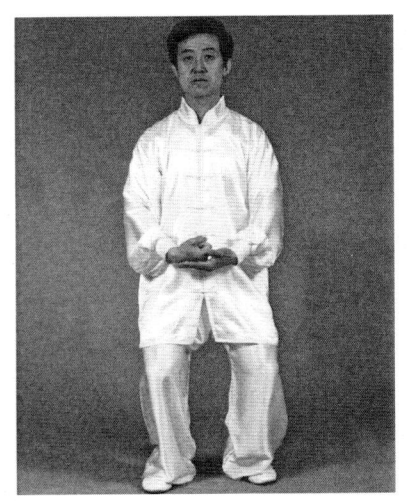
(그림 3-13)

동작6

굴슬송과(屈膝鬆胯)하고, 온몸을 하침(下沈)하며, 오른손을 순전(順纏)하면서 살며시 주먹을 쥔 뒤 다시 역전(逆纏)하여 위로 어깨높이까지 들어올린다.

동시에 왼손은 바깥쪽으로 돌려 배 앞으로 내리는데, 손바닥이 위를 보게 한다.

아울러 오른주먹을 위로 들면서 동시에 오른쪽 무릎도 같이 위로 들어올리는데, 오른발이 당내(襠內)에 매달리듯이 걸려 있고, 발끝은 자연스럽게 아래로 늘어뜨린다.(그림 3-12)

이어 오른발을 진각(震脚)으로 굴리며 착지하는데, 두 다리 사이를 어깨 넓이로 하며 중심은 왼발에 둔다.

진각과 동시에 오른주먹을 왼손의 손바닥 위에 떨어뜨린다.

눈은 전방을 향하고, 귀는 몸 뒤쪽의 동정을 듣는다.(그림 3-13)

≪요점≫

1. 이 식은 전체 투로의 권법 중에서 매우 중요한 동작의 하나이다. 이 식을 행할 때는 하나 하나의 모든 거동에서 지켜야 할 요구 사항들이 많다.

이른바, 허실분명(虛實分明), 상하상수(上下相隨), 입신중정(立身中正), 송견침주(鬆肩沈肘), 함흉탑요(含胸塌腰), 심기하강(心氣下降), 보법(步法)의 경령자연(輕靈自然)¹⁷⁾ 등 일반적으로 태극권을 수련하며 지켜야 할 대부분의 숙지사항들이 모두 요구된다.

2. 〈동작2〉에서 두 손을 위로 들 때는 아래에서부터 왼쪽으로 돌려서 호형(弧形)¹⁸⁾을 이루고, 아래로 내릴 때는 위에서부터 오른쪽으로 돌려 호형을 이룬다. 그래서 한번 들고 한번 내림이 배 앞에서 하나의 원(圓)을 그리는 것과 같다¹⁹⁾.

3. 〈동작3〉에서 왼무릎을 들 때는 무릎으로 영경(領勁)하고 발끝은 자연스럽게 아래로 늘어뜨리는데, 이렇게 해야 비로소 경령자연(輕靈自然), 기불상부(氣不上浮)²⁰⁾, 중심온정(重心穩定)²¹⁾, 신법중정(身法中正)을 기할 수 있다.

4. 진각(震脚)하기 전 오른다리를 들 때에 왼다리로 중심을 원만하게 지탱하려면 자세가 확고하게 안정되어 자연스러워야 하며, 오지조지(五趾抓地)²²⁾하여 용천혈(湧泉穴)을 허(虛)하게 해야 한다.
또한 오른다리는 굴슬송과(屈膝鬆胯)하며 위로 드는데, 이때 어깨와 팔꿈치를 방송하침(放鬆下沈)해야 하고, 전신이 상하상합(上下相合)하여 기(氣)가 단전에 쌓이도록 해야 한다.
아울러 오른주먹과 오른발을 아래로 내릴 때, 전신의 기를 하침하고, 양어깨와 과(胯)를 송개(鬆開)하며, 정경(頂勁)을 가벼이 하여 바르게 세우고, 눈은 앞을 본다.

---

17) 보법이 가볍고 그 동작이 자연스럽게 이루어짐.
18) 동작의 선이나 궤적이 직선이 아니고 둥근 곡선의 형태를 이룸을 의미함.
19) 一提一按在腹前走一圓圈(일제일안재복전주일원권)
20) 기(氣)가 위로 뜨지 아니함.
21) 중심이 확고하고 안정되어 있음.
22) 다섯 발가락으로 땅을 움켜쥐다.

제3식 나찰의(懶扎衣)

동작1

앞의 식에 이어 우과(右胯)를 방송(放鬆)하며 몸을 약간 우전(右轉)하고, 오른주먹과 왼손의 경(勁)을 함께 모아, 두 손을 선역후순전(先逆後順纏)[23]하며 우전방으로 탄두(彈抖)[24]하여 내보낸다.

이어 좌과(左胯)를 방송하며 중심을 오른쪽으로 옮기면서 몸을 약간 좌전(左轉)한다. 동시에 두 손의 합경(合勁)[25]을 유지하면서 몸이 도는 것을 따라 왼쪽으로 호(弧)를 그리며 아래로 돌린다.

(그림 3-14)

이어 중심을 왼쪽으로 옮기며 몸을 우전하고, 오른주먹을 장(掌)으로 바꾸는 것과 동시에 양손을 작게 역전(逆纏)하여 몸의 왼쪽으로 경을 모으며 위로 향해 붕경(掤勁)을 이끌어 올린다.

이어 중심을 오른쪽으로 옮기며 몸을 약간 좌전한다. 이와 동시에 오른쪽 어깨를 방송하며 오른쪽 팔꿈치로 우전방을 향해 붕출(掤出)한다. 이때 왼손은 장심(掌心)이 앞으로 향하고 손가락 끝은 위로 향하고, 오른손은 장심이 뒤로 향하고 손가락 끝은 위로 향하며, 오른손의 수도(手刀)부분이 왼쪽 손목 부근에 걸치게 한다.

눈은 두 손을 응시하며, 아울러 전방을 본다.(그림 3-14, 그림 3-15)

(그림 3-15)

동작2

두 손을 역전(逆纏)하며 왼손은 좌하방으로 하안

---

23) 먼저 역전(逆纏)한 다음 이어 순전(順纏)으로 돌림.
24) 탄력성(彈力性)을 주어 튕기듯이 움직임.
25) 기(氣)가 실려 운기(運氣)가 지속되는 상태에서 두 손을 모으거나 두 손의 동작이 서로 연관되어 운경(運勁)이 함께 이루어지는 것.

(그림 3-16)

(下按)하고, 오른손은 우상방으로 호(弧)를 그리며 상붕(上掤)한다.

　이어서 중심을 왼쪽으로 이동하며, 오른다리를 들어 오른쪽으로 개보(開步)하여 발꿈치 안쪽으로 미끄러지듯이 나가서 착지하고 발끝을 위로 세운다.

　이와 동시에 두 손을 순전(順纏)으로 바꾸어, 왼손은 좌하방에서 위로 돌리고, 오른손은 우상방에서 아래로 돌려 두 손이 원(圓)을 그리며 가슴 앞에서 교차하여 합쳐진다. 그래서 오른손은 장심(掌心)이 좌상방으로 향하고 손가락 끝은 좌전방으로 향하며, 왼손은 장심이 오른쪽으로 향하고 손가락 끝은 위쪽으로 향하며 오른쪽 팔 안쪽으로 모은다.

눈은 오른쪽을 응시한다.(그림 3-16, 그림 3-17)

동작3

　좌과(左胯)를 방송(放鬆)하며 중심을 오른쪽으로 이동하고, 몸을 좌전(左轉)한다. 이와 동시에 몸의 좌전을 따라 두 손이 왼쪽으로 인경(引勁)[26]해 나간

(그림 3-17)

(그림 3-13)

---

26) 이끌어 당기며 경(勁)을 운용함.

다.(그림 3-18)

이어서 우과(右胯)를 방송하며 몸을 우전(右轉)하고, 오른손은 위쪽으로 역전(逆纏)하여 돌려서 오른쪽으로 호(弧)를 그리며 전개한 다음, 순전(順纏)으로 약간 하침(下沈)하며 마무리하고, 아울러 왼손은 약간 순전하여 손바닥을 위로 향하게 하여, 왼쪽 배 앞으로 내린다.

눈은 전방을 응시하고, 귀는 몸 뒤의 동정을 듣는다.(그림 3-19)

(그림 3-19)

≪요점≫

1. 〈동작1〉에서 중심의 변화가 세 번 있다. 즉 중심이 왼쪽에서 오른쪽으로 변하고, 왼쪽으로 변했다가 다시 오른쪽으로 변한다.

중심이 왼쪽으로 갈 때는 몸이 우전(右轉)하고, 중심이 오른쪽으로 갈 때는 몸이 좌전(左轉)한다.

민활하면서도 변화가 많은 신법(身法)이므로 두 손을 나선전사(螺旋纏絲)의 방법으로 움직이고, 몸으로 손을 이끄는 운경(運勁) 방법을 사용하여 신가 일로권(新架一路拳)을 체현(體現)해야 한다.

2. 이 식에서는 상인하진법(上引下進法)으로 각개수합(脚開手合)[27]하는 동작을 동시에 이루어야 한다. 그런 다음에 진과진신(進胯進身)[28]하는데, 허리로써 어깨를 이끌고, 어깨로 팔꿈치를 이끌며, 팔꿈치로 손을 이끄는[29] 등 온몸이 절절관관(節節貫串)해야 한다.

3. 세(勢)를 이룰 때는 신법(身法)을 조정해야 하는데, 송견(鬆肩), 침주(沈肘), 좌완(坐腕)[30], 경관지두(勁貫指肚)[31], 함흉(含胸), 탑요(塌腰), 송과(鬆

---

27) 발을 벌리고 손을 모음. 즉 손발의 개합(開合)의 조화를 일컬음.
28) 과(胯)가 나아가고 몸이 나아감.
29) 以腰催肩, 以肩領肘, 以肘帶手(이요최견, 이견영주, 이주대수).
30) 손목을 편하게 방송(放鬆)하여 늦춤.
31) 경(勁)이 손가락 안쪽의 도톰한 부분으로 관통함.

(그림 3-20)

(그림 3-21)

胯), 굴슬(屈膝)하며 주신방송(周身放鬆)하고, 나선하침(螺旋下沈)하며, 정경령기(頂勁領起)[32]하고, 개당귀원(開襠貴圓)[33]해야 한다.

제4식 육봉사폐(六封四閉)

동작1

앞의 식에 이어, 제자리에서 선우후좌(先右後左)[34]로 몸을 돌리며 두 손을 선역후순전사(先逆後順纏絲)로 절완(折腕)[35] 선전(旋轉)하여 하나의 작은 원(圓)을 그린다.(그림 3-20)

이어 좌과(左胯)를 방송(放鬆)하고 중심을 왼쪽으로 옮기며 몸을 좌전(左轉)한다.

동시에 왼손은 약간 역전(逆纏)하면서 아래로 내리고, 오른손은 순전(順纏)하여 우상방에서 아래로 하리(下擺)하여 배 앞에서 두 손을 서로 합쳐 모은

---

32) 두경부(頭頸部)를 허령정경(虛領頂勁)의 자세로 바르게 유지하여 기혈(氣血)의 소통이 원활토록 함.
33) 당(襠)을 열어 둥글게 함.
34) 몸을 왼쪽으로 돌리기 위하여 먼저 그 예비 동작으로 몸을 오른쪽으로 당기듯 틀어 돌림. 성동격서(聲東擊西)와도 그 뜻이 서로 통함.
35) 손목을 구부리거나 꺾음. 보통 손목을 돌리거나 경(勁)을 이끌기 위하여 구부리는 동작.

신가일로 39

(그림 3-22)

(그림 3-23)

다.(그림 3-21)

 이어 몸을 약간 우전(右轉)하며 중심을 오른쪽으로 이동하는 것과 아울러, 왼손은 작게 순전하고, 오른손은 역전하여 돌려 우상방으로 제출(擠出)[36]하는데, 이때 양손의 경을 함께 모으며(合住勁: 합주경) 중심을 오른쪽으로 이동한다. 이때 좌장(左掌)은 안쪽으로 향하고, 우장(右掌)은 바깥으로 향하며, 눈은 오른쪽을 응시한다.(그림 3-22)

동작2

 이어 몸을 약간 좌전(左轉)하며 중심을 왼쪽으로 이동한다. 이와 동시에 오른손은 아래로 호(弧)를 그리며 순전(順纏)하여 상탁(上托)[37]하고, 왼손은 역전(逆纏)하여 손목관절로 영경(領勁)하며 좌상방으로 호(弧)를 그리며 쳐올리는데 왼손의 모양이 호구(虎口)[38]를 이루며 왼팔의 붕원(掤圓)[39]을 유지하도록 한다.

 이때 왼손의 다섯 손가락은 비스듬히 아래로 향해 조수(叼手)[40] 모양을 형성

---

36) 제(擠)의 동작이나 자세를 취함.
37) 위로 받쳐 올림.
38) 호랑이 입 모양으로 만들어진 엄지와 검지를 말하며, 때로는 두 손가락 사이를 지칭함.
39) 붕출(掤出)하거나 붕(掤)의 동작을 하는 자세나 동작이 둥근 형상을 이룸.
40) 엄지손가락과 나머지 네 손가락의 모양을 짐승이 입을 벌린 것과 같은 형상으로 한 것.

(그림 3-24)

(그림 3-25)

하고, 오른손은 상탁(上托)하며, 중심을 왼쪽으로 이동함과 동시에 좌상방으로 상리(上搌)한다.

눈은 오른쪽을 응시한다.(그림 3-23)

동작3

몸을 계속 좌전(左轉)하여 중심을 오른쪽으로 이동하면서, 동시에 두 손을 역전(逆纏)으로 손바닥을 뒤집어 양쪽 귀 아래쪽으로 모은다.(그림 3-24)

이어 두 손을 합경(合勁)하여 우하방으로 안출(按出)하고, 그 세(勢)를 따라서 몸을 우전(右轉) 하침(下沈)한다. 동시에 왼발을 오른발 옆으로 거두어들여 병보(幷步)를 이루며 발끝으로 살짝 착지한다.

눈은 우하방을 응시한다.(그림 3-25)

≪요점≫

1. 〈동작1〉은 제자리에서 팔을 돌리고, 절완(折腕)하며 하나의 원(圓)을 그리는 동작으로써 전체 동작을 이끌어 낸다.

이와 같이 팔을 돌리고 절완하여 원을 그리는 동작이 신가(新架) 권법에서는 여러 차례 출현한다.

초보자는 단지 손을 돌리는 동작은 할 수 있을지라도 신법(身法)과의 조화를 이루기가 어렵기 때문에, 반드시 이 하나의 자세만 따로 떼어서 전문적으로 연습하여 체득해야 한다.

　이 식의 용도는 권법을 진행하는 과정에서 연결 동작을 이끌어 내며 접경(接勁)[41]하는 작용을 할뿐만 아니라, 격투 중에 상대방의 금나(擒拿)를 풀어내고 반대로 상대방을 붙잡는 수법을 익히는 조건이 되기도 한다.

　2. 이 식에 있어서 중요한 점은 동작에 알맞은 신법(身法)으로 중심을 좌우로 이동하고, 손목과 어깨를 돌리고, 흉요절첩(胸腰折疊)하여 움직이며, 상리하안(上攦下按)하는 등 여러 동작의 변화를 체득하는 데 있다.

제5식 단편(單鞭)

동작1

　앞의 식에 이어서 몸의 중심을 오른쪽에 둔 채로, 먼저 약간 우전(右轉)하였다가 다시 약간 좌전(左轉)하는데, 그 회전과 더불어 왼발의 발끝을 축으로 하여 자연스럽게 상응하는 회전동작을 취한다. 또한 두 손도 몸의 회전에 따라 그에 상응하는 전사(纏絲) 운동을 행한다.

　몸이 우전할 때는 두 손이 순전(順纏)하는데, 왼손은 앞쪽으로 공격하는 감각으로 돌리고 오른손은 몸 쪽으로 끌어당기는 감각으로 돌려 두 손의 손바닥이 모두 위로 향하게 한다.

　몸이 좌전할 때는 오른손은 역전(逆纏)하며 다섯 손가락을 모아 구수(勾手)로 만든 다음, 손목으로 영경(領勁)하며 우상방으로 붕출(掤出)하여 어깨높이까지 들어올리고, 아울러 왼손은 약간 순전하여 아래로 내려 배 앞으로 오는데 손바닥이 위로 향하도록 한다.

　눈은 오른쪽을 본다.(그림 3-26, 그림 3-27)

---

41) 물리적인 힘이 기(氣)와 결합하는 상황을 말하는데, 여기에서는 동작의 진행이 단순히 물리적인 힘에 의해서 시작되지 않고 기(氣)에 의해서 이루어지도록 운경(運勁)의 동기를 부여하거나 운경할 수 있는 상황으로 유도하는 것을 말함.

(그림 3-26)

(그림 3-27)

동작2

이어 우과(右胯)를 방송(放鬆)하고 몸을 약간 우전(右轉)하며, 중심을 오른발로 옮긴 다음, 왼다리의 무릎을 굽혀 들어 왼쪽으로 미끄러지듯이 개보(開步)하여 발꿈치 안쪽으로 착지하고, 발끝을 위로 세워 약간 안쪽으로 당긴다. 이때 오른손의 손목으로 영경(領勁)하며, 눈은 왼쪽을 본다.(그림 3-28, 그림 3-29)

(그림 3-28)

(그림 3-29)

동작3

우과(右胯)를 방송(放鬆)하고 왼무릎을 굽히며 중심을 왼쪽으로 이동한다. 이어서 좌과(左胯)를 방송하며 몸을 약간 우전(右轉)하다가 다시 좌전(左轉)하는데, 중심의 이동은 왼발에서 조금 오른발로 향하였다가 다시 돌아온다.

중심의 이동과 더불어 왼손을 천장(穿掌)으로 상붕(上掤)하다가 오른쪽 가슴 앞에서 역전(逆纏)으로 뒤집어 돌려서 호(弧)를 그리며 왼쪽으로 전개하여 벌린다.

이와 아울러 오른쪽 발끝은 조금 안으로 당긴다.

왼손을 왼쪽으로 전개하는 동작과 더불어 몸의 중심은 왼발로 이동한다.

(그림 3-30)

(그림 3-31)

왼손을 왼쪽으로 벌려 어깨와 수평을 이루면, 두 손을 조금 순전(順纏) 하침(下沈)하며 단편 동작을 마무리한다.

시선은 왼손을 따라가는데, 왼손을 완전히 전개하여 제 위치에 도달하게 되면 시선을 정면으로 돌리고, 귀는 몸 뒤의 동정을 살핀다.(그림 3-30, 그림 3-31)

≪요점≫

1. 이 식은 전체 투로(套路) 중에서 매우 중요한 동작 중의 하나이다. 동작의 변화가 일어나는 전환점은 모두 일곱 군데인데, 각각의 연결과 전환의 핵심이 어디에 있는지를 세심하게 체득(體得)해야 한다.

2. 〈동작1〉에서, 몸의 오른쪽에서 두 손이 좌전우후(左前右後)로 순전(順纏)할 때는 요척(腰脊)을 축으로 하여 허리가 전신의 회전을 이끌어야 하는데, 그 움직임이 가볍고 원활해야 한다.

3. 왼발이 왼쪽으로 개보(開步)하며 왼손을 왼쪽으로 운행하는 것은 나찰의(懶扎衣) 식에서 오른손을 오른쪽으로 운행하는 것과 서로 좌우의 반대 방향으로 대조를 이루는 형세의 자세라 할 수 있다.

운행과정 중에는 상인하진(上引下進)하고, 진과진견진주(進胯進肩進肘)[42]하고, 이요위축(以腰爲軸)하며, 절절관관(節節貫串)해야 한다.

4. 왼손을 왼쪽으로 전개하여 바른 위치에 도달한 뒤에는 두 손을 조금 순전(順纏) 하침(下沈)하며, 정경령기(頂勁領起)하고, 전신방송(全身放鬆)하며, 신정당원(身正襠圓)[43]하고, 외개내합(外開內合)해야 한다.

제6식 제2금강도대(第二金剛搗碓)

동작1

앞의 식에 이어 먼저 왼쪽으로 중심 이동하며 몸을 좌전(左轉)하였다가 곧 이어 오른쪽으로 중심을 옮기며 우전(右轉)하는데, 이러한 중심이동과 아울러 두 손은 먼저 좌역우순전(左逆右順纏)으로 시작하여 좌순우역전(左順右逆纏)으로 바꾸면서 작은 원호(圓弧)를 그린 다음, 우상방으로 붕경(掤勁)을 더하여 상리(上掤)한다.

---

42) 과(胯)가 나아가고, 어깨가 나아가며, 이어 팔꿈치가 나아감.
43) 신법(身法)은 바르게 하고 당(襠)은 둥글게 함.

(그림 3-32)

(그림 3-33)

 이어 좌과(左胯)를 방송(放鬆)하고 몸을 좌전(左轉)하면서 중심을 왼발로 이동하는데, 이와 더불어 왼손은 하침하며 약간 역전(逆纏)하여 좌전방으로 전붕(前掤)하고, 오른손은 크게 순전(順纏)하여 아래로 호(弧)를 그리며 팔을 돌려 좌전방으로 나가, 왼손과 경(勁)을 합해 모은다.
 왼손의 손바닥은 앞으로 향하고, 손가락 끝은 위로 향하되 오른쪽으로 기운다. 오른손의 손바닥은 위로 향하고, 손가락 끝은 앞으로 향한다.
 눈은 좌전방을 본다.(그림 3-32, 그림 3-33)

동작2

 이어 우과(右胯)를 방송(放鬆)하며 중심을 왼발에서 오른발 뒤축으로 이동하고 몸을 우전(右轉)하며 나선하침(螺旋下沈)한다. 이와 동시에 두 손바닥을 약간 하침하였다가 곧바로 좌순우역전사(左順右逆纏絲)로 오른쪽 뒤로 상리(上攦)한다.(그림 3-34)
 이어 좌과(左胯)를 방송하고 몸을 좌전(左轉)하면서 왼발을 바깥쪽으로 틀어준다. 이와 동시에 두 손을 아래로 내려 좌역우순전사(左逆右順纏絲)로 하호(下弧)를 그리며 좌전방으로 붕출(掤出)한다.

(그림 3-34)

(그림 3-35)

(그림 3-36)

이때 왼손의 장심(掌心)이 아래로 향하는데 수도(手刀)로 영경(領勁)하여 전붕(前掤)하고, 오른손은 오른쪽 무릎 위로 모으는데 장심이 바깥으로 향하도록 한다.

눈은 좌전방을 본다.(그림 3-35, 그림 3-36)

동작3

이어 중심을 앞으로 이동하면서, 몸으로 왼손의 움직임을 유도하여 전방을 향해 료장(撩掌)한다.

왼손의 료장이 끝나면 바로 위로 호(弧)를 그리면서 가슴 앞으로 거두어 오른팔의 안쪽에 손바닥이 아래로 향하게 하여 붙인다.

이러한 왼손의 동작과 더불어 오른손은 왼손의 료장에 보조를 맞추어 후방으로 털어 내듯이 탄성(彈性)을 주었다가 곧 전상방으로 손바닥으로 받쳐 올리듯이(上托: 상탁) 이끌어 올려 왼손과 서로 합친다.

이와 동시에 오른쪽 다리를 상보(上步)하여 왼발의 우전방으로 와서, 발끝으로 살짝 착지하고, 오른손은 위로 향한다.

(그림 3-37)

눈은 전방을 본다.(그림 3-37)

동작4

이어 송과굴슬(鬆胯屈膝)하고, 몸을 방송하침(放鬆下沈)함과 아울러 왼손은 순전(順纏)으로 뒤집어 손바닥이 위로 향하도록 하여 배 앞으로 내리고, 오른손은 순전으로 하침하며 주먹으로 바꾸어 쥔 뒤에 다시 역전(逆纏)하며 위로 들어올린다.

이와 동시에 오른무릎도 함께 위로 들어올리는데, 이때 오른발이 당내(襠內)에 매달린 듯한 모양으로 발끝을 자연스럽게 아래로 늘어뜨린다.

이어 오른발을 진각(震脚)하여 땅을 구르며 떨어뜨리는데 두 발의 너비를 어깨넓이로 하고, 진각과 동시에 오른주먹을 아래에 있는 왼손 위에 떨어뜨린다.

눈은 전방을 보며, 귀는 몸 뒤의 동정을 듣는다.(그림 3-38, 그림 3-39)

(그림 3-38)

≪**요점**≫

〈동작1〉 중에서 두 손이 보조를 맞추며 먼저 시계 방향으로 하나의 원을 그리는 것은 동작을 이끌며 접경(接勁) 작용을 일으키기 위한 것이다. 앞의 식인 단편(單鞭)의 자세에서 온몸을 방송(放鬆)하며 경(勁)을 아래로 내려놓았기 때문에, 이미 끊어진 경을 다시 이어 나가기 위해서는 전신의 움직임으로 두 손을 가볍고 민첩하면서도 자연스럽게 하나의 원을 그리게 함으로써 다음 동작을 이끌어내는 것이다. 이 원권(圓圈)은 너무 크게 행하는 것은 좋지 않으며, 기량이 향상됨에 따라 점차로 작아진다.

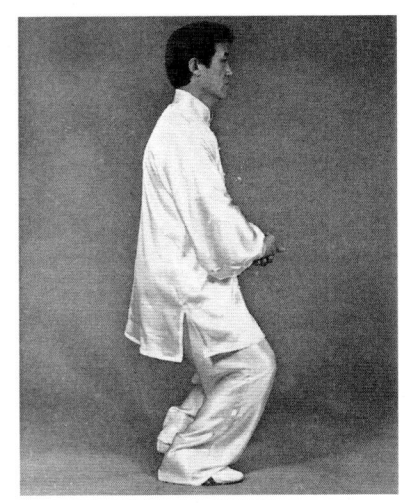
(그림 3-39)

제7식 백학량시(白鶴亮翅)

동작1

앞의 식에 이어 우과(右胯)를 방송(放鬆)하고 몸을 약간 우전(右轉)하면서, 오른주먹과 좌장(左掌)의 경(勁)을 함께 모아 우전방으로 탄두(彈抖)하여 내보낸다.

바로 이어 좌과(左胯)를 방송하고 중심을 오른쪽으로 옮기며, 몸을 좌전(左轉)하는데, 이와 동시에 두 손의 합경(合勁)을 유지하면서, 몸이 도는 것을 따라 두 손을 좌하방으로 호(弧)를 그리며 돌린다.

(그림 3-40)

이어 중심을 왼쪽으로 옮기며, 몸을 약간 우전하고, 오른주먹을 장(掌)으로 바꾸어 두 손바닥을 역전(逆纏)하여 가슴 왼쪽으로 모아 위쪽으로 붕출(掤出)한다.

이어 중심을 오른쪽으로 옮기며, 몸을 약간 좌전하고, 오른쪽 팔꿈치를 사용하여 앞쪽으로 붕경(掤勁)을 가한다.

왼손은 앞으로 향하고, 오른손은 뒤를 향하며, 두 손의 손가락 끝은 모두 위쪽으로 향하며, 오른손은 수도(手刀)부분이 왼팔뚝에 걸치도록 한다.

눈은 두 손을 보고, 아울러 전방을 본다.(그림 3-40, 그림 3-41)

(그림 3-41)

동작2

좌과(左胯)를 방송(放鬆)하고 몸을 좌전(左轉)하면서 왼발 끝을 바깥쪽으로 틀어놓는다. 동시에 두 손을 역전(逆纏)하며 분개(分開)하는데, 왼손은 좌하방으로 하안(下按)하고, 오른손은 우상방으로 상붕(上掤)한다.

이어서 몸을 먼저 우전(右轉)하다가 다시 좌전(左轉)하며, 중심을 왼발로 옮기고, 오른발을 약 45도 각도의 우전방으로 뻗어 발꿈치 안쪽으로 착지하며 미

(그림 3-42)

(그림 3-43)

끄러져 나가는데 발끝을 조금 위로 치켜든다.

 이와 동시에 두 손은 순전(順纏)하여 몸 좌우 양측으로 둥글게 호(弧)를 그리며 돌려 가슴 앞에서 서로 교차시켜 모은다. 왼손은 오른팔 위에 걸치고 장심(掌心)이 오른쪽으로 향하게 하고, 우장심(右掌心)은 좌상방으로 향한다.

 눈은 우전방을 본다.(그림 3-42, 그림 3-43)

동작3

 이어 몸을 좌전(左轉)하며 중심을 오른쪽으로 옮겨 오른발에 힘을 실으며, 동시에 오른팔을 왼쪽으로 순전(順纏)하여 굴리며 인경(引勁)한다.

 이어 우과(右胯)를 방송(放鬆)하고 몸을 우전(右轉)하며, 오른팔을 역전(逆纏)하여 오른쪽으로 호(弧)를 그리며 상붕(上掤)하여 벌리고, 왼손은 왼쪽으로 역전 하안(下按)하여 좌과(左胯) 곁에 이른다.

 이어 왼발을 거두어들여 오른발 안쪽에 발끝으로 착지한다.

 눈은 전방을 본다.(그림 3-44)

(그림 3-44)

≪요점≫

1. 이 식은 상인하진(上引下進)의 방법이다. 손을 합(合)하면서 발을 열고, 손이 열리면서 발을 합하니, 합하는 중에 열림이 있고, 열리는 속에 합쳐짐이 있다. 열려고 하면 반드시 먼저 합하고, 합하려 하면 반드시 먼저 열어야 하니, 버리지도 않고 버티지도 않으면서 면면히 이어져 끊어지지 않아야 요철(凹凸)의 병이 생기지 않는다[44].

2. 자세를 잡을 때는 두 손의 문호(門戶)를 크게 열고, 두 발의 허실(虛實)을 분명하게 하며, 정경령기(頂勁領起)하고, 방송하침(放鬆下沈)해야 비로소 팔면(八面)을 지탱할 수 있고, 산악의 기세처럼 안정될 수 있다.

3. 자세를 이룰 때의 요구사항 : 두 손은 조금 순전(順纏)하여 방송하침(放鬆下沈)하고, 허령정경(虛領頂勁)하며, 송견침주(鬆肩沈肘)하며, 함흉탑요(含胸塌腰)하고, 굴슬송과(屈膝鬆胯)하며, 개당귀원(開襠貴圓)하고, 각지조지(脚趾抓地)[45]하고, 전신관주(全神貫注)[46]하며, 기침단전(氣沈丹田)해야 한다.

이러한 요구사항은 이후의 유사한 권세(拳勢)에서도 모두 응용되는 것이니, 어느 하나에 치중하느라 다른 것을 소홀히 해서는 안 된다.

제8식 사행요보(斜行拗步)

동작1

앞의 식에 이어 몸을 오른쪽으로 약간 틀었다가 즉시 좌전(左轉)하며, 동시에 두 손을 아래위로 굴리듯이 좌역우순전(左逆右順纏)하여 오른손은 위로 영경(領勁)하고, 왼손은 아래로 침안(沈按)[47]한다.

---

44) 手合開步, 手開步合, 合中有開, 開中有合, 欲開必先合, 欲合必先開, 要不丟不頂, 連綿不斷, 才不致産生凹凸之病. (수합개보, 수개보합, 합중유개, 개중유합, 욕개필선합, 욕합필선개, 요불주부정, 연면부단, 재불치산생요철지병.)
45) 발가락으로 땅을 쥐듯이 하여 착지함.
46) 온 정신을 통일함.
47) 아래로 내리며 안(按)의 자세를 취함.

몸의 중심을 오른발에 둔 채로, 몸이 도는 것에 따라 왼발은 발바닥 앞쪽을 이용하여 제자리에서 이에 상응하는 동작을 취한다.

몸은 오른손이 나선(螺線)식으로 움직이며 영경(領勁)하는 것에 따라 리드미컬하게 움직인다.

눈은 전방을 본다.(그림 3-45)

동작2

위의 동작에서 멈추지 않고 신속하게 우과(右胯)를 방송(放鬆)하며 몸을 약 90도 우전(右轉)한다. 이와 동시에 왼발의 발바닥 앞쪽으로 신체의 중심을 조절하여 평형을 유지하며, 오른발은 발꿈치를 축으로 하여 발끝을 신속하게 밖으로 벌려 착지를 단단히 하며 굴슬하준(屈膝下蹲)[48]한다.

아울러 왼손은 순전(順纏)하여 팔을 굽히며 위로 돌려 이마 앞까지 올렸다가 조금 아래로 내려 코앞의 중선(中線)[49]에 손바닥을 세우고, 오른손은 역전(逆纏)으로 호(弧)를 그리며 하안(下按)하여 우과(右胯) 곁으로 온다.

좌장심(左掌心)은 오른쪽으로 향하고, 우장심(右掌心)은 아래로 향한다.

눈은 전방을 본다.(그림 3-46)

(그림 3-45)

동작3

이어 왼다리의 무릎을 우상방으로 들어올리고, 발끝을 아래로 늘어뜨린다. 이때 무릎으로 영경(領勁)해야 한다.

무릎을 드는 것과 동시에 오른손을 역전(逆纏)하여 호(弧)를 그리며 상붕(上掤)하는데, 어깨보다 약간 높게 하며 장심(掌心)이 우전방을 향하게 하고, 왼손은 약간 순전(順纏)하며 장심이 오른쪽으로 향하게 하는

(그림 3-46)

---

48) 무릎을 굽히며 아래로 쭈그려 앉듯이 몸을 낮춤.
49) 기경팔맥(奇經八脈) 중 임맥(任脈)이 흐르는 몸의 가운데 선.

(그림 3-47)

(그림 3-48)

데, 두 손이 모두 우상방을 향해 붕경(掤勁)을 유지해야 한다.
　이어 두 손의 붕경을 강화하며, 동시에 왼발 뒤꿈치로 좌전방을 향해 땅을 밀어 깎듯이 나아가서 뒤꿈치 안쪽으로 착지하고 발끝을 위로 세운다.
　눈은 왼쪽을 본다.(그림 3-47, 그림 3-48)

동작4

(그림 3-49)

　우과(右胯)를 방송(放鬆)하고 몸을 우전(右轉) 하침(下沈)하면서, 중심을 약간 왼쪽으로 이동한다. 두 손은 몸이 도는 것을 따라 된래 위치에서 약간 순전(順纏)한다.(그림 3-49)

　그런 다음 바로 이어 중심을 다시 오른쪽으로 옮기고, 오른다리를 우궁보(右弓步) 자세로 하여 좌과(左胯)를 방송하며 몸을 좌전(左轉) 하침한다. 이와 아울러 왼손을 역전(逆纏)하여 아래로 팔을 돌려서 왼다리 위쪽에 이르게 한 다음, 다섯 손가락을 구수(勾手)로 한데 합치고, 오른손은 순전으로 팔을 굽혀 오른쪽 귀 옆으로 온다.

　눈은 왼쪽을 본다.(그림 3-50)

동작5

이어 몸을 조금 좌전(左轉)하면서, 아래로 호(弧)를 그리며 중심을 왼쪽으로 이동하고, 왼손의 손목으로 영경(領勁)하며 구수(勾手)를 어깨와 수평이 되도록 들어올린다.

이어 우과(右胯)를 방송(放鬆)하며 몸을 우전(右轉)하는 것과 동시에 오른손을 역전(逆纏)하여 먼저 전방으로 붕경(掤勁)을 이끌다가 이어 오른쪽으로 전개하여 펼친다.

눈은 오른손을 따라다니다가 오른손이 제 위치에 이른 후에는 전방을 본다.(그림 3-51, 그림 3-52)

(그림 3-50)

≪요점≫

1. 〈동작1〉은 제4식 육봉사폐(六封四閉)의 〈동작1〉과 마찬가지로 다음 동작을 이끌어내기 위한 접경(接勁) 동작이므로, 반드시 몸과 손이 조화 일치하는 가운데 적당히 속도를 가해야 한다.

2. 〈동작5〉는 오른손을 바깥쪽으로 펼치기 때문에 권세(拳勢)가 완성되면 쌍

(그림 3-51)

(그림 3-52)

(그림 3-53)

개경(雙開勁)을 이루게 된다. 자세가 완벽해지려면 두 무릎을 안으로 모으고, 송과탑요(鬆胯塌腰)하며, 전신방송(全身放鬆)하고, 나선하침(螺旋下沈)하며, 송견침주(鬆肩沈肘) 좌완(坐腕)하며, 정경령기(頂勁領起)하고, 심기하강(心氣下降)하여, 쌍개경(雙開勁)이 쌍합경(雙合勁)으로 전환되도록 해야 한다.

제9식 초수(初收)

동작1

앞의 식에 이어 오른발에 조금 더 힘을 실으며, 두 무릎의 경(勁)을 모아 몸을 조금 좌전(左轉)하는 것과 동시에 왼쪽 구수(勾手)를 장(掌)으로 바꾸고, 좌우 두 손을 역전(逆纏)하여 호(弧)를 그리며 신속하게 위로 걷어올린다(上撩: 상료).

이때 왼손은 오른쪽 위로, 오른손은 왼쪽 위로 나가서 두 손이 이마 앞에서 서로 만나는데, 손바닥은 앞으로 향하고, 손가락 끝은 서로 마주본다.(그림 3-53)

(그림 3-54)

이어 몸을 조금 우전(右轉)하며, 동시에 두 손을 순전(順纏)하여 바깥쪽으로 돌려내려 왼무릎의 안쪽 위에서 서로 모은다. 손바닥은 위로 향하고, 손가락은 앞으로 향한다.

눈은 전방 조금 아래를 본다. (그림 3-54)

동작2

우과(右胯)를 방송(放鬆)하며 오른무릎을 안으로 모으고, 몸을 약간 좌전(左轉)하며, 중심을 왼발에서 오른발로 전부 이동하여 오른발로 몸을 지탱하며 왼다리를 위로 들어올린다. 이때 왼무릎으로 왼다리의 동작을 영경(領勁)한다.

(그림 3-55)   (그림 3-56)

동시에 어깨와 팔꿈치는 방송하침(放鬆下沈)하고, 두 손은 몸의 움직임을 따라 역전(逆纏)하며 팔을 굽혀 흉복(胸腹) 앞으로 거두어들인다.

중심이 안정되도록 신법을 조절하며 왼무릎을 위로 들어올려 가슴과 서로 경(勁)을 모으고, 동시에 두 손은 손끝으로 찌르듯이 전하방으로 탄두(彈抖)하며 발출(發出)한다.

눈은 전방의 아래쪽을 보고, 귀는 몸 뒤의 동정을 듣는다.(그림 3-55, 그림 3-56)

≪요점≫

1. 〈동작1〉에서 두 손바닥을 하침(下沈) 합경(合勁)하기 전에 먼저 위로 상료(上撩)하는 것은 태극권에서 욕하선상(欲下先上), 즉 아래로 움직이려면 먼저 위로 움직이는 운동의 법칙을 드러낸 것이므로, 동작은 비교적 빨리 해야 한다.

2. 〈그림 3-55〉의 합경 동작은 쌍순합경(雙順合勁) 뒤의 쌍역합경(雙逆合勁)으로, 이를 일러 합한 것을 다시 합한다는 의미로 합지재합(合之再合)한다고 한다.

(그림 3-57)

3. 이 식의 완성 자세는 합경하여 한 발로 서는 보법, 즉 합경독립보법(合勁獨立步法)이라 한다. 정경령기(頂勁領起)하는 것이 자세를 안정시키는 관건이며, 기침단전(氣沈丹田)하고, 온몸을 방송하침(放鬆下沈)하여, 몸을 상하로 늘인다는 느낌이 있어야 한다. 이렇게 해야만 신법(身法)의 중정(中正)과 보법(步法)의 온건(穩健)을 용이하게 이룰 수 있다.

제10식 전당요보(前蹚拗步)

동작1

앞의 식에 이어서 우과(右胯)를 방송(放鬆)하며 몸을 조금 우전(右轉) 하침(下沈)한다. 이와 동시에 두 손은 좌순우역전사(左順右逆纏絲)하며 오른쪽으로 하리(下擺) 한다.(그림 3-57)

이어 몸을 조금 좌전(左轉)하며, 왼다리를 순전(順纏)하여 호(弧)를 그리며 좌전방으로 내딛고, 발끝을 바깥쪽으로 틀면서 발꿈치 외측으로 착지하고, 발끝을 위로 당겨 든다.

(그림 3-58)

이와 동시에 두 손은 좌역우순전(左逆右順纏)하여 아래로 내려 돌린 다음, 다시 위로 뒤집어 상호(上弧)를 그리며 팔을 돌려 가슴 앞으로 내려 모은다.

이때 왼손은 아래에 있고 으른손은 위에 있으며, 두 팔이 교차하여 서로 합쳐지고, 좌장심(左掌心)은 오른쪽으로 향하고, 우장심(右掌心)은 왼쪽으로 향하며, 손가락 끝은 전상방으로 향하고 높이가 코와 나란하다.

눈은 전방을 본다.(그림 3-58)

동작2

이어 두 팔의 손목을 위로 끌러 올리며 영경(領勁)하였다가 바로 손목을 하침(下沈)하면서 전신을 송과

(그림 3-59)

(그림 3-60)

(鬆胯) 하침한다.(그림 3-59)

이어 왼발 끝을 밖으로 벌려 딛고, 이를 따라 몸을 좌전(左轉)하며 중심을 왼쪽으로 이동하고, 오른발을 실(實)에서 허(虛)로 바꾼다.

몸이 좌전하는 것과 동시에, 송견침주(鬆肩沈肘)하고 좌완(坐腕)하며 두 팔을 좌역우순전사(左逆右順纏絲)로 앞으로 향해 붕경(掤勁)을 가한다.(그림 3-60)

이어 오른다리를 들어 전방으로 상보(上步)하여 발꿈치로 착지하고, 발끝을 조금 위로 치켜든다. 이와 동시에 두 손은 좌전하는 몸을 따라 좌역우순전(左逆右順纏)하여 우하방으로 송침(鬆沈)하며 가슴 앞에 모은다.(그림 3-61)

동작3

이어 몸을 좌전(左轉)하며, 중심을 오른쪽으로 이동한다. 이와 동시에 두 손은 좌역우순전(左逆右順纏)으로 왼쪽으로 향해 인경(引勁)한다.(그림 3-62)

이어서 우과(右胯)를 방송(放鬆)하고 몸을 우전(右轉)하면서, 두 손을 역전(逆纏)하여 먼저 위로 호(弧)

(그림 3-61)

(그림 3-62)   (그림 3-63)

를 그린 다음 계속하여 좌우로 분개(分開)하여 벌린다
 이때 장심(掌心)이 밖으로 향하고, 손가락 끝은 위쪽으로 향하게 하며, 어깨와 같은 높이에 이르면 두 손을 순전(順纏) 하침(下沈)한다.
 눈은 전방을 본다.(그림 3-63)

≪요점≫

 1. 〈그림 3-59〉 중에서 손목을 위로 들며 영경(領勁)할 때는 반드시 신법(身法)과 조화를 이루어야 한다. 내기(內氣)로 외형(外形)을 유도하고, 일단 움직임이 일어나면 온몸에 움직이지 않는 곳이 없어야 한다[50]. 이렇게 해야 비로소 내경(內勁)이 이어져 끊어지지 않고, 기세가 가득 찰 수 있다.

 2. 자세를 완성하기 위해서는 두 어깨와 팔꿈치를 방송하침(放鬆下沈)하는 것으로 시작하여, 전신방송(全身放鬆)하고 심기하강(心氣下降)하며, 어깨와 샅을 합(合)하고, 팔꿈치와 무릎을 합(合)하고, 손과 발을 합(合)하여 이른바 외삼합(外三合)을 이루고, 당경(襠勁)을 합(合)하고, 정경령기(頂勁領起)해야 한다.

---

50) 以內催外, 一動周身無處不動. (이내최외, 일동주신무처부동)

(그림 3-64)

(그림 3-65)

제11식 제2사행요보(第二斜行拗步)

동작1

앞의 식에 이어 우과(右胯)를 방송(放鬆)하며, 몸을 조금 우전(右轉)하는 것과 동시에 두 손을 좌순우역(左順右逆)으로 전사(纏絲)하여 오른쪽으로 붕경(掤勁)을 이끈다.(그림 3-64)

이어 좌과(左胯)를 방송하고 중심을 오른쪽으로 옮기며 몸을 좌전(左轉)하는데, 이와 동시에 두 손을 아래로 좌역우순(左逆右順)하여 돌린 다음 좌리(左攦)한다.

눈은 우전방을 본다.(그림 3-65)

동작2

이어 우과(右胯)를 방송(放鬆)하고, 중심을 오른쪽으로 옮기며, 몸을 나선하침(螺旋下沈)하는 것과 동시에 약 45도 우전(右轉)하여, 오른발 끝을 밖으로 벌려 놓는다. 이와 동시에 두 손을 아래로 돌려 좌순우역전사(左順右逆纏絲)로 바꾸어 오른쪽으로 붕경(掤勁)을 가하며 외리(外攦)[51]한다.(그림 3-66)

---

51) 바깥 방향으로 리경(攦勁)을 행함.

(그림 3-66)

(그림 3-67)

몸을 계속 우전(右轉)하여 중심을 완전히 오른쪽으로 이동한 다음 오른발의 착지를 단단히 하며 왼발을 들어올린다.

이와 동시에 두 손은 붕경(掤勁)을 잃지 않으면서 계속 후리(後捋)한다.

눈은 좌전방을 본다.(그림 3-67)

(그림 3-68)

동작3

왼발이 좌전방으로 땅을 파듯이 미끄러져 나가며 우과(右胯)를 방송(放鬆)하고, 몸을 우전(右轉)하면서 나선하침(螺旋下沈)하는데, 두 손의 붕경(掤勁)을 잃지 않도록 유의한다.(그림 3-68)

몸을 계속 우전 하침하며, 중심을 조금 왼쪽으로 이동하는 것과 아울러 두 손을 순전(順纏)하여 왼손은 상붕(上掤)하고, 오른손은 팔꿈치를 안으로 굽혀 모은다.(그림 3-69)

바로 이어 좌과(左胯)를 방송(放鬆)하고 몸을 좌전(左轉)하며, 오른다리를 궁형(弓形)[52]으로 하여 중심

---

52) 궁보(弓步) 자세에서의 다리 모양.

(그림 3-69)

(그림 3-70)

을 오른쪽으로 이동하는 것과 동시에 팔을 아래로 돌리며 왼손을 역전(逆纏)하여 왼다리 위쪽으로 오고, 오른손은 오른쪽 귀 아래로 온다.
　눈은 왼쪽 아래쪽을 본다.(그림 3-70)

동작4

몸이 하호(下弧)를 그리며 중심을 왼쪽으로 이동하면서 왼손을 구수(勾手)

(그림 3-71)

(그림 3-72)

로 하여 어깨 높이로 들어올린다.

이어 선좌후우(先左後右)로 몸을 돌리며 오른손을 역전(逆纏)하여 먼저 앞으로 붕경(掤勁)을 더하며 밀어낸 뒤 다시 오른쪽으로 호(弧)를 그리며 펼친다.

완전히 자세를 잡으면 어깨와 팔꿈치를 방송(放鬆)하며 두 손을 순전(順纏)하침(下沈)한다. 아울러 탑요송과(塌腰鬆胯)하며, 온몸을 방송하침하고, 정경령기(頂勁領起)하며, 눈은 전방을 보고, 귀는 몸 뒤의 동정을 듣는다.(그림 3-71, 그림 3-72)

제12식 재수(再收)

동작1

앞의 식에 이어 두 무릎을 안으로 모으며 왼쪽 구수(勾手)를 장(掌)으로 바꾸어, 두 손을 역전(逆纏)하여 호(弧)를 그리며 위로 돌려 이마 앞에서 서로 모았다가, 이어 두 손을 순전(順纏)하며 아래로 돌려 왼무릎 안쪽 윗 부분에서 서로 모은다.

눈은 전방 조금 아래쪽을 본다.(그림 3-73, 그림 3-74)

(그림 3-73)

(그림 3-74)

(그림 3-75)

(그림 3-76)

동작2

중심을 오른발로 이동하며 몸을 하침(下沈)하고, 왼다리를 들어 우독립보(右獨立步) 자세를 이룬다.

이어 두 손을 역전(逆纏)하며 거두어서 왼무릎 위로 들어 가슴 앞에 모았다가, 전하방으로 두 손을 신속하게 찌르며 발경(發勁)한다.

눈은 전하방을 보고, 귀는 몸 뒤의 동정을 듣는다.(그림 3-75, 그림 3-76)

(그림 3-77)

(그림 3-78)

제13식 전당요보(前蟶拗步)

동작1

앞의 식에 이어 몸을 하침(下沈) 우전(右轉)하는 것과 동시에 두 손을 오른쪽으로 하리(下攦) 한다.

이어 몸을 좌전(左轉)하며, 왼발을 좌전방으로 내디뎌 발꿈치 바깥쪽으로 착지하고, 발끝을 바깥쪽으로 돌려서 위로 세운다. 동시에 두 손을 좌역우순전(左逆右順纏)으로 하침한다.

이어 다시 팔을 위로 뒤집어 돌려 상호(上弧)를 그리며 가슴 앞에 서로 합친다.

눈은 전방을 본다.(그림 3-77, 그림 3-78)

동작2

두 손의 손목을 위로 끌었다가 다시 늦추어 놓는 방법으로 영경(領勁)하며, 몸을 송과하침(鬆胯下沈)하는데, 손목을 좌완(坐腕) 하침하면서 몸을 좌전(左轉)하고 두 손을 왼쪽으로 외붕(外掤)[53]하며 인경(引勁)한다.

이어 중심을 왼쪽으로 완전히 이동하며 오른발을 들어 우전방으로 상보(上

(그림 3-79)

(그림 3-80)

---

53) 몸의 바깥 방향으로 붕(掤)의 동작을 취함.

步)한다.

눈은 오른쪽을 본다.(그림 3-79 ~ 그림 3-81)

동작3

몸을 좌전(左轉)하며 중심을 왼쪽에서 오른쪽으로 이동한다. 이와 동시에 몸의 회전을 따라 두 손은 계속 왼쪽으로 인경(引勁)한다.

중심 이동이 완료된 후, 두 손을 역전(逆纏)하며 위로 돌려 좌우로 분개(分開)하여 두 손이 어깨높이에 이르면 약간 순전(順纏) 하침(下沈)하여 마무리한다.

눈은 전방을 보고, 귀는 몸 뒤의 동정을 듣는다.(그림 3-82, 그림 3-83)

(그림 3-81)

(그림 3-82)

(그림 3-83)

(그림 3-84)

(그림 3-85)

제14식 엄수굉추(掩手肱捶)

동작1

앞의 동작에서 방송하침(放鬆下沈)한 상태에서, 두 손의 손목을 절완(折腕)하며 위로 경(勁)을 이끌어서 안쪽으로 역전(逆纏)하여 돌린다. 동시에 팔도 같이 따라 돌아가며 두 손을 제자리에서 신속하게 바깥으로 돌리는데 자연스럽게 순전사(順纏絲)로 발경하는 동작이 이루어져야 한다.

이 동작은 송과탑요(鬆胯塌腰)하고, 송견침주(鬆肩沈肘)하며, 몸을 나선하침(螺旋下沈)하는 가운데 이루어야 한다.

이어 두 손의 장심(掌心)이 위로 향했을 때 오른손을 권(拳)으로 바꾸어 쥐고, 두 손을 안으로 돌려 아래로 조금 내린다.

이어 우과(右胯)를 방송(放鬆)하고 몸을 조금 우전(右轉)하며, 중심을 왼쪽으로 이동하고, 오른다리의 무릎을 위로 들어올리며, 팔끝을 약간 아래로 늘어뜨리고, 몸을 약 90도 우전(右轉)한다.

동시에 두 손을 좌우 양측에서 역전하여 위로 돌려서 이마 앞에서 서로 합치는데, 오른주먹의 권정(拳頂)[54]을 왼손의 장근(掌根)[55] 부분에 모으고, 좌장심

---

54) 주먹을 쥐었을 때 중지 쪽의 가장 크게 돌출한 곳.
55) 손바닥과 손목의 사이. 즉 손바닥의 끝 뿌리.

(左掌心)을 오른쪽으로 향하게 하고, 손가락 끝은 위쪽으로 향한다.

정경령기(頂勁領起)하고, 눈은 전방을 본다.(그림 3-84 ~ 그림 3-86)

동작2

이어 오른발을 진각(震脚)으로 발소리를 내며 땅에 내리고, 곧 바로 왼다리의 무릎을 들어올리며, 몸을 약간 우전(右轉) 하침(下沈)하고, 이어 왼발을 왼쪽으로 뻗어서 발꿈치 안쪽으로 착지하고 발끝을 위로 세운다.

이어 중심을 왼쪽으로 이동하며, 몸을 따라 두 손을 배 앞으로 내려 모으는데, 오른주먹의 권심(拳心)을 아래로 향하게 하고, 왼손의 장근(掌根)을 오른팔목의 윗 부분에 붙인다.

눈은 전방을 본다.(그림 3-87, 그림 3-88)

(그림 3-86)

동작3

오른발에 힘을 실으며 오른무릎을 안으로 모으고, 중심을 계속 왼쪽으로 이

(그림 3-87)

(그림 3-88)

(그림 3-89)

동하며, 좌과(左胯)를 방송하며 몸을 왼쪽으로 약 45도 트는 것과 동시에, 오른주먹을 순전(順纏)하며 오른쪽으로 팔을 돌리며 발경(發勁)하는데, 권안(拳眼)[56]이 오른쪽으로 향하고, 권심(拳心)은 위로 향한다.

이와 아울러 왼손은 역전(逆纏)하며 왼쪽 늑골 부위로 거두는데, 장심(掌心)이 왼쪽을 향하며, 손가락 끝은 앞으로 향한다.(그림 3-89)

위의 동작은 멈춤이 없이 이루어져야 하고, 오른주먹은 발경(發勁)의 반탄성(反彈性)을 이용하여 역전으로 팔을 굽히며 회수하여 왼쪽 가슴 앞으로 온다. 동시에 우과(右胯)를 방송하고 몸을 우전(右轉)하며, 왼손을 역전하며 몸의 우회전을 따라 팔꿈치를 오른쪽으로 끌어 오른주먹과 서로 모으는데, 좌장심(左掌心)이 아래로 향하며 오른팔뚝의 안쪽에 있게 한다.

눈은 전방을 본다.(그림 3-90)

동작 4

중심을 왼쪽에서 오른쪽으로 이동하고 우과(右胯)를 방송하며 몸을 약간 우전(右轉)한다.

이와 동시에 왼손을 약간 역전(逆纏) 하침(下沈)하며 왼쪽으로 돌렸다가, 다시 순전(順纏)으로 돌려 앞으로 향하다가 가슴 앞에서 멈추는데, 높이는 어깨 정도로 하고, 장심(掌心)은 앞으로 향하고, 손가락 끝은 전상방을 향한다.

아울러 오른주먹은 역전하며 우하방으로 송침(鬆沈)하며 돌린 뒤, 다시 순전하며 팔을 굽혀 몸 오른쪽으로 거두어들이는데, 권심(拳心)이 위쪽으로 향한다. 오른주먹을 거두어들일 때, 몸은 오른쪽으로 돌면서

(그림 3-90)

---

56) 주먹을 쥐었을 때 엄지와 집게손가락이 만드는 홈.

(그림 3-91)

(그림 3-92)

동시에 나선하침(螺旋下沈)한다.
눈은 전방을 본다.(그림 3-91, 그림 3-92)

동작5

오른발에 힘을 실어 단단히 디딘 채 오른무릎을 안으로 모으고, 좌과(左胯)를 방송하고 몸을 약간 좌전(左轉)하며, 중심을 신속하게 왼쪽으로 이동함과 동시에 오른주먹을 역전(逆纒)하여 앞으로 내지르며 발경(發勁)하고, 왼손은 허악권(虛握拳)[57]으로 하여, 팔꿈치를 뒤로 빼며 주경(肘勁)을 발(發)한다.

눈은 전방을 보고, 귀는 몸 뒤의 동정을 듣는다.(그림 3-93)

≪요점≫

1. 이 세(勢)는 전체 권법의 투로(套路) 중에서 매우 중요한 동작의 하나로서, 신가 일로(新架一路) 권

(그림 3-93)

---

57) 주먹을 쥐되 꽉 쥐지 않고 허(虛)의 상태를 유지함.

법 중에서 발경(發勁)을 연습하는 대표 동작이다.

마땅히 이 자세만을 별도로 연습하여 몸에 완전히 익혀야 한다.

2. 발경(發勁)을 잘하는 관건은 축경(蓄勁)이다. 〈그림 3-92〉에서 오른주먹을 거두어들일 때 전신방송(全身放鬆)하고, 우전(右轉) 하침(下沈)하여, 오른팔이 자연스럽게 몸 오른쪽에 송침(鬆沈)하도록 하여, 오른주먹이 주먹을 내지를 수 있는 가장 좋은 위치에 있도록 한다. 또한 정경령기(頂勁領起)하고, 전신관주(全神貫注)하며, 시선은 전방을 주시하고, 기(氣)를 축적하여 발경을 기다린다.

3. 발경할 때 오른발에 힘을 실어 단단히 땅을 딛고, 오른무릎을 안으로 모으며, 허리를 비틀고 당(襠)을 당긴다. 경(勁)은 발에서 일어나, 다리에서 발달하고, 허리에서 주재(主宰)하여, 어깨와 팔꿈치를 거쳐, 손에 이르러 비로소 빠르고 힘찬 천투성(穿透性)을 표현하게 된다.

전권후주(前拳後肘)[58]의 의미를 잘 이해하고, 확고하고 안정된 평형을 이루며, 허리는 차축(車軸)과 같고 기(氣)는 차륜(車輪)과 같으니, 전적으로 요당(腰襠)의 선전력(旋轉力)에 의지한다.

4. 발경할 때에는 허리를 비틀고 당(襠)을 확고하게 버텨야 하는데, 그러하지 못하면 동작이 흩어진다. 유경(柔勁)을 얻고자 하면 활요송당(活腰鬆襠)해야 하는데, 방송(放鬆)하지 않으면 곧 막히게 된다. 축경(蓄勁)하고자 할 때는 탑요합당(塌腰合襠)해야 하는데, 합(合)하지 않으면 동작이 들뜨게 된다.

---

58) 앞으로 주먹을 뻗어 발경(發勁)하며 동시에 뒤로는 팔꿈치를 신속하게 당겨 발경함. 이렇게 하면 그 경력(勁力)이 배가될 뿐만 아니라 안정된 균형을 취할 수 있음.

제15식 제3금강도대(第三金剛搗碓)

동작1

앞의 식에 바로 이어서, 발경(發勁)했던 오른주먹을 즉시 풀고, 우과(右胯)를 방송하며 몸을 우전(右轉)하는데, 오른손목을 위쪽으로 절완(折腕)하며 손목으로 영경(領勁)하여 우상방으로 붕출(掤出)하고, 동시에 왼손은 손목을 아래로 절완(折腕)하며 손목으로 영경하여 좌하방으로 붕출하여 두 손이 개경(開勁)을 형성한다.(그림 3-94)

(그림 3-94)

이어서 좌과(左胯)를 방송하고 몸을 좌전(左轉)하는 것과 동시에 두 손을 좌역우순전사(左逆右順纏絲)로 돌려 교차시키는데, 왼손은 좌하방에서부터 위로 호(弧)를 그리며 오른쪽으로 오고, 오른손은 우상방으로부터 아래로 호를 그리며 왼쪽으로 와서 왼쪽 가슴 앞에서 서로 합친다.

이때 왼손은 위에 있고, 장심(掌心)이 아래로 향하며, 손가락 끝은 우전방을 향한다. 오른손은 아래로 있고, 장심은 위쪽으로 향하며, 손가락 끝은 좌전방을 향한다.

눈은 두 손을 보고, 아울러 전방도 본다.(그림 3-95)

동작2

이어 오른손을 역전(逆纏)으로 뒤집으며 오른팔꿈치로 영경(領勁)하여 오른팔을 오른쪽으로 당기면서 주경(肘勁)을 발(發)한다.

동시에 왼손은 순전(順纏)으로 장심(掌心)이 오른팔 안쪽을 스치며 발경(發勁)하는데, 왼팔이 오른팔과 합경(合勁)하며 일제히 오른쪽으로 발경한다.

위의 동작과 아울러 몸은 우전(右轉)하며 두 발을 조금 왼쪽으로 도보(跳步)[59]하여 진각(震脚)하는데,

(그림 3-95)

(그림 3-96)

(그림 3-97)

두 발이 일제히 땅에 떨어지며 소리가 나도록 한다.

땅에 떨어질 때 중심을 제어하는 것은 오른발 쪽에 있으며, 정경령기(頂勁領起)하고, 눈은 전방을 본다.(그림 3-96)

동작3

왼손을 조금 역전(逆纏)하여 좌하방으로 하안(下按)하고, 오른손은 역전하여 우상방으로 상붕(上掤)하며 두 손이 개경(開勁)을 형성한다.(그림 3-97)

이어서 왼발 끝을 안으로 당기고, 왼손을 순전(順纏)하여 바깥쪽으로 뒤집는다.

중심을 다시 약간 오른쪽으로 이동하고, 왼발을 들어 왼쪽으로 작은 걸음으로 한 발 개보(開步)하고, 곧 중심을 왼쪽으로 옮겨 밟는다.

이어 오른발의 발끝으로 착지하며 호(弧)를 그려 왼발 쪽으로 모았다가 다시 앞으로 나가는데 오른쪽으로 약간 치우치게 하여 몸이 오른쪽으로 약 45도 회전하도록 한다.

이와 동시에 왼손은 역전하며 위로 호(弧)를 그리며 돌려서 오른쪽으로 향하는데, 팔꿈치를 굽혀 가슴 앞에 가로로 걸치며, 장심(掌心)은 아래로 향하게 하

---

59) 발로 바닥을 차서 뛰어오르며 행하는 보법(步法). 도약(跳躍)하는 크법.

(그림 3-98)   (그림 3-99)

여, 오른쪽 팔뚝의 안쪽에 모은다.

　오른손은 순전으로 팔을 위에서 아래로 돌린 다음, 전상방으로 들어올리는데, 장심은 위쪽으로 향하고, 팔뚝이 왼손과 가슴 앞에서 서로 합쳐진다.

　눈은 전방을 본다.(그림 3-98 ~ 그림 3-100)

동작4

　어깨와 팔꿈치를 방송하침(放鬆下沈)하며, 오른손은 순전(順纏)하며 허악권(虛握拳)을 만들며 내합(內合)하고, 왼손은 순전으로 뒤집어서 장심(掌心)이 위로 향하게 한다.

　이어 오른주먹을 위로 들어올리면서 아울러 오른무릎도 같이 위로 들어올려서 오른발이 당내(襠內)에 걸려 있게 한다.

　곧 이어 오른발을 진각(震脚)으로 땅에 내려 발소리를 울리고, 동시에 오른주먹은 좌장심(左掌心)에 내려뜨린다. 이때 두 발의 사이는 어깨넓이 정도이며, 중심은 왼쪽에 둔다.

　눈은 전방을 보고, 귀는 몸 뒤의 동정을 듣는다.(그

(그림 3-100)

(그림 3-101)

(그림 3-102)

림 3-101, 그림 3-102)

≪요점≫

1. 〈동작1〉에서 오른손으로 발경(發勁)하며 오른손목의 경(勁)을 위로 이끌 때는 오른쪽으로 약간 중심을 이동시키는 것이 좋고, 이때 신법(身法)을 이용하여 이미 끊어진 경을 다시 이어나감으로써, 내경(內勁)이 계속 이어지며 끊어지지 않도록 한다.

2. 〈동작2〉 중의 도보(跳步)와 진각(震脚)은 두 손의 발경(發勁)과 배합되어 조화를 이루어야 하며, 이렇게 함으로써 정돈된 경(勁)을 발출(發出)할 수 있다.

제16식 별신추(撇身捶)

동작1

앞의 식에 이어 우과(右胯)를 방송(放鬆)하고 몸을 약간 우전(右轉)하며, 오른주먹을 장(掌)으로 바꾸어 왼손과 합주경(合住勁)을 이루며 우전방으로 탄

(그림 3-103)

(그림 3-104)

두(彈抖)하며 내보낸다.

바로 이어 두 손바닥을 배 앞으로 거두어들이며 약간 좌전(左轉)한다.

두 팔꿈치에 붕경(掤勁)을 더하여 밖으로 조금 팽팽히 당기고, 두 손의 장심(掌心)이 위로 향하도록 한다. 이때 두 손의 엄지손가락은 모두 앞으로 향하고, 오른손을 왼손 위에 얹어 포갠다.

눈은 전방을 본다.(그림 3-103, 그림 3-104)

동작2

중심을 약간 왼발로 기울이며, 두 손바닥을 손목과 손등으로 영경(領勁)하며 좌우 양측으로 분개(分開)하는데, 장심(掌心)을 위로 향하게 하고, 손가락 끝은 서로 마주 보게 한다.

이어 좌과(左胯)를 방송(放鬆)하고, 몸을 나선하침(螺旋下沈)하며, 오른발을 오른쪽으로 크게 한 걸음 개보(開步)한다.

개보와 동시에 두 손을 좌우 양측으로 호(弧)를 그리며 위로 들어올려 가슴 앞에서 좌역우순전사(左逆右順纏絲)로 교차하여 합한다. 왼손은 바깥쪽에 있고,

(그림 3-105)

장심이 오른쪽으로 향하며, 오른손은 안에 있고, 장심은 왼쪽으로 향하며, 손가락 끝은 모두 위로 향한다.

정경령기(頂勁領起)하며, 눈은 전방을 본다.(그림 3-105, 그림 3-106)

동작3

중심을 오른쪽으로 이동하고 몸을 조금 좌전(左轉)하다가, 이어서 우과(右胯)를 방송하며 우전(右轉)하는데, 이러한 일련의 동작과 아울러 두 손을 권(拳)으로 바꾸어 몸의 움직임을 따라 가슴 앞에서 시계의 역방향으로 돌리는데, 오른주먹은 왼주먹의 뒤로 우회하여 왼주먹의 권정(拳頂)에 이르며, 팔은 굽히고 팔꿈치는 세운다. 그리고 왼주먹은 조금 순전(順纏)하여 팔꿈치 부분을 상붕(上掤)한다.(그림 3-107, 그림 3-108)

그 뒤에 중심을 왼쪽으로 이동하며 좌과(左胯)를 방송하고, 몸을 조금 좌전(左轉)하며, 두 팔을 왼쪽으로 치우치게 하여 위로 붕경(掤勁)을 더한다.

이때 오른주먹의 권심(拳心)은 안으로 향하고, 권정(拳頂)은 위로 향하게 하여 가슴 앞에 둔다.

(그림 3-106)

(그림 3-107)

(그림 3-108)

왼주먹은 권심(拳心)이 안으로 향하고, 권안(拳眼)은 위로 향하게 하며, 높이는 어깨와 나란하게 하여, 왼쪽에 둔다.

눈은 전방을 보는데 왼쪽으로 치우쳐 있다.(그림 3-109)

동작4

좌과(左胯)를 방송하며 중심을 다시 왼쪽으로 옮기고, 몸을 나선하침(螺旋下沈)하면서 왼쪽으로 90도 정도 신속하게 돌린다.

이와 동시에 오른발을 오른쪽으로 신속하게 한 발 크게 내딛고, 몸이 좌전(左轉)하는 것에 맞추어 몸 왼쪽에서 두 주먹을 좌역우순전사(左逆右順纏絲)로 전후방 바깥쪽으로 발경(發勁)하며 전개한다.

왼주먹은 좌후상방(左後上方)으로 가는데, 권심(拳心)이 아래로 향하고, 오른주먹은 좌전상방(左前上方)으로 나가는데, 권심은 뒤로 향한다.

얼굴은 똑바로 앞으로 향하고, 눈은 우전방을 보며, 귀는 몸 뒤의 동정을 듣는다.(그림 3-110)

(그림 3-109)

(그림 3-110)

(그림 3-111)

(그림 3-112)

동작5

우과(右胯)를 방송(放鬆)하고 몸을 우전(右轉)하면서, 오른주먹은 순전(順纏)으로 팔을 돌려 오른무릎 위로 송침(鬆沈)하고, 왼팔은 순전으로 팔을 돌려 위로 향하며, 눈을 오른쪽을 본다.(그림 3-111)

이어서 오른다리를 궁보(弓步) 자세로 하며 중심을 오른쪽으로 이동하고, 몸은 좌전(左轉)한다. 이와 동시에 오른주먹을 중심 이동에 따라 오른쪽으로 이동하며 역전사(逆纏絲)하는데, 엄지손가락쪽의 손목부 위로 영경(領勁)하여 우하방에서부터 호(弧)를 그리며 위로 향한다.

아울러 왼주먹은 역전으로 팔을 돌려 배 앞으로 거두어 들인다.

오른주먹의 높이는 어깨와 나란히 하고, 권심(拳心)이 아래로 향하고, 권안(拳眼)은 왼쪽으로 향하게 한다. 왼주먹의 권심은 아래로 향하고, 권안은 안으로 향한다.

시선은 오른주먹과 아울러 먼 곳을 본다.(그림 3-112)

(그림 3-113)

동작6

좌과(左胯)를 방송하며 중심을 왼쪽으로 이동하고, 몸을 약간 좌전(左轉)한다. 동시에 두 주먹은 순전(順纏)하는데, 오른주먹은 오른팔을 돌리면서 팔꿈치를 약간 아래로 내려 우권심(右拳心)이 위쪽으로 향하게 하고, 왼주먹은 팔꿈치를 내리며 돌려 권심이 위쪽으로 향하게 하여 몸이 좌전하는 것에 따라 뒤로 가서 왼쪽 허리에 붙인다.(그림 3-113)

계속하여 중심을 왼쪽으로 이동하고 몸을 좌전하는데 오른팔을 왼쪽으로 이끌면서 함께 움직인다.(그림 3-114)

그 뒤에 오른다리를 궁보(弓步) 자세로 하며 중심을

(그림 3-114)

(그림 3-115)

오른쪽으로 이동하고, 우과(右胯)를 방송하며 몸을 우전(右轉) 하침(下沈)하고, 왼발 끝을 조금 안으로 당긴다.

동시에 오른주먹을 역전(逆纏)하여 안으로 돌리다가 다시 밖으로 뒤집고 팔꿈치를 굽혀 우상방으로 붕출(掤出)하여 오른쪽 태양혈(太陽穴) 앞에 이른다.

아울러 왼주먹은 역전하여 권정(拳頂)을 왼쪽 허리에 붙이고, 우전하는 몸을 따라 왼팔꿈치를 앞으로 붕출한다.

시선은 왼팔꿈치 끝과 왼발 끝을 보고, 귀는 몸 뒤의 동정을 듣는다.(그림 3-115)

≪요점≫

1. 이 세(勢)의 동작은 대개대합(大開大合)[60]하는 가운데, 손목 관절(腕關節)을 돌리며 생기는 소권(小圈: 작은 원)으로써 영경(領勁)하고, 대권(大圈: 큰 원)은 소권(小圈)과 연결되고, 소권(小圈)은 대권(大圈)을 이끈다. 이는 손목과 어깨를 선전(旋轉)하고, 발목과 무릎을 선전하고, 당(襠)과 요(腰)를 선전하는 등 하나의 고리를 다른 고리에 연결하여 온몸이 나선(螺旋)운동을 하고, 온몸이 권(圈)[61]이 아닌 곳이 없다는 특징을 체현(體現)하게 하는 것이다.

---

60) 개(開)와 합(合)의 동작을 크게 하여 경(勁)을 전개함.

(그림 3-116)

2. 〈동작4〉의 도보(跳步)하며 발경(發勁)하는 것을 강화하기 위해서, 〈동작3〉 중에서 두 팔이 왼쪽으로 붕경(掤勁)을 가할 때, 오른발을 먼저 왼쪽으로 반보(半步)정도 거두어들임으로써 축경(蓄勁)을 강화시키는 것도 좋다.

제17식 청룡출수(靑龍出水)

동작1

앞의 식에 이어 중심을 왼쪽으로 이동하고, 우과(右胯)를 방송하며 몸을 우전(右轉)한다. 이와 동시에 오른주먹을 순전(順纏)하며 팔을 아래로 돌려 내려서 오른쪽 허리 쪽으로 오고 권심(拳心)이 위로 향하게 한다.

그리고 왼주먹은 허리에서부터 순전으로 팔을 구부려 돌리며 몸의 우전에 따라 위로 향하다가 가슴 앞에서 멈추어 권심이 위로 향하게 한다.

눈은 오른쪽을 본다.(그림 3-116)

(그림 3-117)

동작2

이어 몸을 신속하게 좌전(左轉)하며, 중심이 오른쪽으로 이동하는 것과 동시에, 오른주먹을 역전(逆纏)하며 권정(拳頂)이 우하방으로 향하도록 권(拳)을 내지르며 발경(發勁)하고, 왼주먹은 반(半) 정도로 악권(握拳)하여 배 앞으로 신속하게 거두어들인다.(그림 3-117)

바로 이어 몸을 우전(右轉)하며, 중심을 왼쪽으로 이동하고, 왼주먹을 장(掌)으로 바꾸어 역전하여 오른쪽으로 향해 료장(撩掌)으로 발경하고, 오른주먹을 신

---

61) 운동의 궤적이 직선이 아닌 곡선 형태, 특히 원(圓), 고리, 둥근 모양을 이루는 것.

속하게 허리 쪽으로 거두어들인다.

눈은 오른쪽 아래쪽을 본다.(그림 3-118)

동작3

좌과(左胯)를 방송하며 중심을 약간 오른쪽으로 이동하며, 몸을 신속하게 하침(下沈)하며 좌전(左轉)하는데, 이와 동시에 오른주먹을 역전(逆纏)하며 새끼손가락 옆부분이 오른쪽으로 향하게 하여 발경(發勁)한다.

아울러 왼손은 순전(順纏)하며 중지, 무명지, 그리고 새끼손가락을 조금 구부려 쥐면서 팔을 굽혀 당겨 배 앞으로 거두어들인다.

눈은 오른쪽 아래쪽을 본다.(그림 3-119)

(그림 3-118)

≪요점≫

두 손을 교대로 오른쪽을 향해 발경(發勁)하면서 신체 각 부위의 동작이 조화를 이루도록 하고, 이요위축(以腰爲軸)하여 일동전동(一動全動)하도록 하기 위해서는 그 경(勁)이 발에서 시작하여, 다리에서 발달하고, 허리에서 주재하여 손과 손가락에서 나타나도록 해야 하는 것이다.

〈동작3〉 중에서 오른주먹이 발경하여 가는 종점은 조금 위쪽을 향한다는 느낌이 있어야 하는데, 곧 권론(拳論)에서 말하는 소위 "상대가 일어나려 함에 다시 가하여 좌절토록 한다[62]"는 것이다.

이 세(勢)를 연습할 때는 속도를 적당히 빠르게 해야 진씨태극권의 송활탄두(鬆活彈抖)한 특징을 체현(體現)할 수 있다.

(그림 3-119)

---

62) 物將掀起而加以挫之 (물장흔기이가이좌지).

제18식 쌍추수(雙推手)[63]

동작1

앞의 식에 이어 두 손을 제자리에서 선역후순(先逆後順)으로 손목을 꺾어 돌리며 전사(纏絲)한다.

이어 중심을 왼쪽으로 이동하며 몸을 좌전(左轉) 하침(下沈)하는 것과 동시에 왼손은 역전(逆纏) 하침하고, 오른손은 순전(順纏) 송침(鬆沈)하며 좌하방으로 가서 두 손을 아랫배 앞에서 서로 모은다.

이때 왼주먹은 권심(拳心)이 안쪽을 향하게 하여 아랫배에 가볍게 붙이고, 오른주먹은 권심이 왼쪽으로 향하게 하고 오른팔 안쪽이 왼주먹의 등과 합쳐지게 한다.

눈은 우하방을 본다.(그림 3-120, 그림 3-121)

동작2

이어 중심을 오른쪽으로 이동하며, 두 손을 장(掌)으로 바꾸고 중심 이동에

(그림 3-120)

(그림 3-121)

63) 推手라는 한자(漢字)는 추수 또는 퇴수라고 읽을 수 있는데 推라는 한자가 "민다"의 의미로 사용될 때는 "퇴"로 발음하는 것이 원래의 바른 한글표기법이나 오늘날 일반 대중이 이를 "퇴"로 읽는 사례가 거의 없고 대부분 "추"로 발음하고 있는 관행을 좇아 이를 추수라고 표기함. 또한 같은 의미로 쓰인 前推[앞으로 민다]는 전추로, 推按[안의 동작으로 밈]은 추안으로 표기하고, 투로의 명칭에서 雙推手는 쌍추수로, 抱頭推山은 포두추산으로 표기함.

따라 좌순우역전사(左順右逆纏絲)로 오른쪽을 향하여 제출(擠出)한다.

눈은 오른쪽의 두 손을 본다.(그림 3-122)

동작3

이어 두 장(掌)을 조금 하침(下沈)하는 것과 동시에 전신을 하침하고, 좌과(左胯)를 방송(放鬆)하며 좌전(左轉)하고, 왼발 끝을 밖으로 돌려 튼다.

이와 동시에 오른손을 순전(順纏)하며 팔을 돌려 장심(掌心)이 위로 향하도록 하고, 왼손은 순전으로 몸이 도는 것을 따라 호(弧)를 그리며 좌하방으로 송침(鬆沈)하여 두 손의 합경(合勁)을 형성한다.(그림 3-123)

(그림 3-122)

이어 중심을 왼쪽으로 이동하여 왼발로 디디고, 오른발을 들어 우전방으로 상보(上步)하여 발바닥 앞쪽으로 착지하고, 몸은 계속 좌전하여 약 135도 회전한다.

동시에 두 손은 몸의 회전을 따라 좌상방으로 붕리(掤攦)한다.

두 장심은 위로 향하고, 중심은 왼발로 제어한다.

(그림 3-123)

(그림 3-124)

(그림 3-125)

(그림 3-126)

눈은 우전방을 본다.(그림 3-124)

동작4

이어 몸을 좌전(左轉) 하침(下沈)하며 두 손을 역전(逆纏)하여 손바닥을 뒤집어서 가슴 앞 위쪽에 모으는 것과 동시에 중심을 완전히 왼발로 이동하고, 이어 오른발을 들어 앞으로 향해 조금 진보(進步)한다.(그림 3-125).

이어 중심을 오른쪽으로 이동하며 몸을 우전(右轉)하고, 동시에 두 손을 앞으로 향해 밀어내는데 조금 오른쪽으로 치우치게 밀고, 아울러 왼발을 오른발 쪽으로 호(弧)를 그리며 거두어 병보(幷步)를 만들어 발바닥 앞쪽으로 착지한다.

두 장심(掌心)은 앞으로 향하고, 손가락 끝은 위로 향한다.

두 눈은 앞으로 향해 수평으로 본다.(그림 3-126)

≪요점≫

1. 〈동작1〉 중에서 절완(折腕)하며 전사(纏絲)하는 것은 접경(接勁)하는 동작이다. 그러므로 이신대동(以身帶動)[64]하고, 이내최외(以內催外)[65]하여, 이미 끊어진 경(勁)을 이어나감으로써 내경(內勁)이 연면부단(連綿不斷)하게 다음

다음의 동작을 이끌어갈 것을 요구하는 것이다.

2. 이 식의 개합(開合) 전환(轉換)은 육봉사폐(六封四閉)와 기본적으로 같으며, 따라서 상인하진(上引下進)의 동작이 되도록 해야 한다. 그러나 육봉사폐는 중심을 이동하며 나아가는 것임에 비해, 이 식은 오른발을 조금 내딛어 나아가고(〈동작4〉 앞부분), 또한 안(按)의 동작으로 밀며 착점에 도달하는 속도가 육봉사폐에 비해 조금 빠르고 특히 경(勁)이 비교적 강한 편이다.

제19식 삼환장(三換掌)

동작1

앞의 식에 이어 우과(右胯)를 방송(放鬆)하며 몸을 조금 우전(右轉)한다. 아울러 두 장(掌)을 순전(順纏)하여 장심(掌心)이 위로 향하게 하는데, 왼손은 전상방을 향해 펼쳐내고, 오른손은 안으로 거두어들인다.(그림 3-127)

이어 몸을 좌전(左轉)하며, 오른손은 역전(逆纏)하여 횡장(橫掌)[66]을 이루어 앞으로 밀고, 왼손은 다섯 손가락은 조금 굽혀 순전으로 거두어들여 배 앞에 이른다.

이때 우장심(右掌心)은 앞으로 향하고 손가락은 왼쪽으로 향해 있으며, 좌장심(左掌心)은 안쪽 위쪽으로 향하며, 손가락 끝이 위쪽으로 향해 조금 오므리는 듯이 한다.

눈은 전방을 본다.(그림 3-128)

동작2

위의 동작에 바로 이어 신속하게 몸을 조금 우전(右

(그림 3-127)

---

64) 몸으로 동작을 같이 이끌어 감.
65) 내경(內勁)으로 외형(外形)을 이끌어냄.
66) 몸통을 기준으로 하여 손바닥을 가로로 놓음.

(그림 3-128)

轉)하며, 왼손을 역전(逆纏)하여 위로 뒤집어 돌린 다음, 몸의 회전을 따라 전상방을 향해 손바닥으로 치며 발경한다. 오른손은 순전(順纏)하여 왼팔꿈치 아래로 신속하게 모은다.

좌장심(右掌心)은 앞으로 향하고, 손가락 끝은 위로 향한다.

우장심(右掌心)은 안쪽으로 향하고, 손가락 끝은 왼쪽으로 향한다.

정경령기(頂勁領起)하며, 두 눈은 똑바로 앞을 본다.(그림 3-129)

≪요점≫

몸이 우전(右轉)하며 왼손이 나가고, 몸이 좌전(左轉)하며 오른손이 나가는데, 이것은 두 손바닥이 허리와 샅[腰胯: 요과]의 움직임에 따라서 교대로 앞으로 펼치고 거두어들인다.

몸으로 손을 이끌어야 원활하고 자연스러운 동작이 나온다.

왼발은 발끝으로 땅을 딛고, 허리와 샅의 회전을 따라 자연스럽게 돌며, 일단 움직임이 시작되면 전신의 모든 부분이 조화를 이루며 같이 움직여야 한다.

(그림 3-129)

마지막으로 왼손을 발경할 때는 흉요절첩(胸腰折疊)하며 전신의 조화를 이루어야 할 뿐만 아니라, 힘이 척추에서 나오도록 해야 한다.

제20식 주저간추(肘底看捶)

동작1

앞의 식에 이어 몸을 좌전(左轉)함과 동시에 왼손은 역전(逆纏)하며 좌하방으로 내리고, 오른손은 역전하

(그림 3-130)

(그림 3-131)

며 바깥쪽으로 뒤집어 우상방으로 호(弧)를 그리며 머리 높이 정도로 돌려 든다.

왼손은 장심(掌心)이 아래로 향하고 손가락 끝은 앞으로 향하며, 오른손은 장심이 밖으로 향하고 손가락 끝은 왼쪽으로 향하며 약간 위로 치우친다.

눈은 전방을 본다.(그림 3-130)

동작2

이어 몸을 우전(右轉)하며, 왼무릎을 몸의 회전에 따라 조금 안으로 모은다. 이와 동시에 왼손은 순전(順纏)하여 호(弧)를 그리며 왼쪽으로 돌린 뒤 위로 향하여 머리보다 높이 들어올리는데, 그 장심(掌心)이 오른쪽으로 향하고, 손가락 끝은 위로 향한다.

그리고 오른손은 순전하며 권(拳)으로 바꾸어 쥐고 왼쪽 아랫배 앞으로 호를 그리며 내린다.(그림 3-131)

이어서 오른다리를 굴슬송과(屈膝鬆胯)하고, 몸을 우전(右轉) 하침(下沈)하는 것과 동시에 왼팔은 방송하침(放鬆下沈)하고, 오른주먹은 위로 밀어 올려 하침하는 왼팔꿈치를 밑에서 받친다.

이때 왼손은 장심이 오른쪽으로 향하고 손가락 끝은 위로 향하며, 오른손은 권심(拳心)이 안으로 향하고, 권안(拳眼)은 위로 향하게 한다.

(그림 3-132)

정경령기(頂勁領起)하고, 눈은 전방을 보며, 귀는 몸 뒤의 동정을 듣는다.(그림 3-132)

≪요점≫

이 식에서는 중심의 이동은 없지만, 송과전요(鬆胯轉腰)[67]에 있어서 몸이 미세하게 나선형으로 상승하거나 하강하는 움직임을 대동하며 동작을 진행한다.

오른발은 다섯 발가락을 모아 땅을 움켜쥐듯이 단단히 디디고, 족심(足心)을 허(虛)하게 해야 하고, 두 다리의 무릎관절은 요과(腰胯)의 선전(旋轉)에 따라 개합(開合)해야 하며, 또한 상하상합(上下相合)의 뜻이 잘 지켜져야 한다.

제21식 도권굉(倒卷肱)

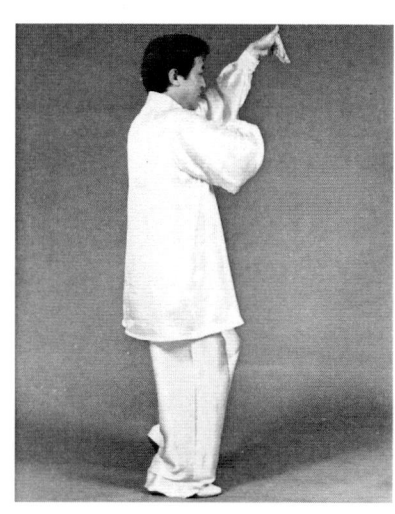

(그림 3-133)

동작1

앞의 식에 이어, 오른무릎을 안으로 모으며 조금 곧게 펴면서, 오른발에 무게를 실어 착지를 더욱 단단히 하고, 몸을 나선(螺旋)식으로 상승시키며 왼팔의 경(勁)을 위로 이끌어 올린다.

왼팔의 경(勁)이 왼손에까지 상승하면 왼손의 엄지손가락을 축으로 하여, 그 나머지 네 손가락을 역전(逆纏)하여 나선식으로 돌려 올리는데, 장심(掌心)이 오른쪽으로 향하고, 손가락 끝은 위로 향한다. 두 눈은 바로 본다.(그림 3-133, 그림 3-134)

---

67) 과(胯)를 방송(放鬆)하며 허리를 돌림.

동작2

이어 우과(右胯)를 방송하고 몸을 조금 낮추면서 우전(右轉)하고, 중심을 완전히 오른발로 이동한 다음, 왼발을 든다.

이어 몸을 좌전(左轉)하며 왼발을 좌후방으로 호(弧)를 그리며 큰 걸음으로 도보(倒步)[68]하는데, 중심은 여전히 오른발에 실려져 있다.

이와 동시에 오른주먹을 장(掌)으로 바꾸어 먼저 순전(順纏) 하침하고, 다시 역전(逆纏)하며 위로 팔을 돌려 앞으로 향해 밀어낸다.

한편 왼손은 역전 하침하며 후리(後擺)한다.

이때 오른손은 장심(掌心)이 앞으로 향하고, 손가락 끝은 위로 향하며, 왼손은 장심이 아래로 향하고, 손가락 끝은 앞으로 향한다.

시선은 앞뒤를 번갈아 돌아본다.(그림 3-135)

(그림 3-134)

동작3

이어 왼발의 발꿈치를 축으로 하여 발끝을 안으로 당기며, 왼무릎을 안으로 모으고, 좌과(左胯)를 방송하며 중심을 왼쪽으로 이동한다.

이어 몸을 우전(右轉)하며, 오른발을 들어 호(弧)를 그리며 거두어들여 왼발 안쪽 앞에 와서 발끝으로 착지한다.

동시에 왼손을 선순후역전사(先順後逆纏絲)하며 위로 뒤집어 돌려서 왼쪽 귀 아래로 와서 다시 앞으로 조금 민다.

오른손은 순전(順纏)하며 팔꿈치를 굽혀 호를 그리며 배 앞으로 거두어들인다.(그림 3-136, 그림 3-137)

(그림 3-135)

---

68) 뒤로 물러나며 행하는 보법(步法).

(그림 3-136)

(그림 3-137)

이어 오른다리를 우후방으로 호를 그리며 큰 걸음으로 도보(倒步)하고, 이와 동시에 왼손을 역전(逆纏)하며 앞으로 밀어내고, 오른손은 역전하며 후리(後 搌)한다.

정경령기(頂勁領起)하고, 눈은 전방을 보며, 귀는 몸 뒤의 동정을 듣는다.(그림 3-138)

동작4

(그림 3-138)

이어 오른발 끝을 안으로 당기며 오른무릎은 안으로 모으고, 중심을 오른발로 이동한다. 아울러 몸을 조금 좌전(左轉)하고, 왼발을 오른발 안쪽을 지나 호(弧)를 그리며 좌후방으로 크게 한 발 도보(倒步)한다.

동시에 왼손은 도보(倒步)를 따라 선순후역전사(先順後逆纏絲)하며 배 앞으로 거두어들인 다음 좌후방으로 후리(後搌)하고, 오른손은 선순후역전사(先順後逆纏絲)로 위로 손바닥을 뒤집어서 오른쪽 귀 쪽에서부터 앞으로 밀어낸다.

정경령기(頂勁領起)하며, 시선은 전방을 보고, 귀는

몸 뒤의 동정을 듣는다.(그림 3-139 ~ 그림 3-141)

≪요점≫

1. 이 식은 후퇴를 하면서 개합(開合)의 전환(轉換)을 연속적으로 완성해 나가는 훈련이다. 매번 걸음을 바꿀 때마다 송과전요(鬆胯轉腰)해야 하며, 그렇게 함으로써 후리(後擺)하는 손이 외개상번(外開上翻)[69]하면서 경(勁)의 전환과정을 완성해야 한다. 이러한 전환이 있어야 비로소 물러나는 중에 나아감이 있으며, 물러남이 곧 나아감이고, 나아감이 곧 물러남이니, 나아감과 물러남이 자연스럽기 그지없다[70].

(그림 3-139)

2. 뒤로 물러날 때는 두 팔로 몸 양측에서 후리(後擺)하며 동시에 전추(前推)[71]하는데, 그 가운데에 화경(化勁)이 있고 타경(打勁)이 있다. 반드시 이요위축(以腰爲軸)하고, 이신최수(以身催手)하여야, 전개하는 동작이 원활하고

(그림 3-140)

(그림 3-141)

---

69) 밖으로 벌리고 위로 뒤집어 돌림.
70) 才能退中有進, 退卽是進, 進卽是退, 進退自如.(재능퇴중유진, 퇴즉시진, 진즉시퇴, 진퇴자여)
71) 앞으로 밀어내거나 쳐냄.

민첩하게 이루어지며 순조롭게 자연스러움을 얻을 수 있다.

제22식 퇴보압주(退步壓肘)

동작1

앞의 식에 이어 오른손은 작게 역전(逆纏)하여 돌리고, 왼손은 순전(順纏)하여 상탁(上托)함으로써, 두 손의 경(勁)을 좌상방으로 모으며 붕(掤)하였다가 우상방으로 돌려 모은다.

이어 좌과(左胯)를 방송하고 중심을 왼쪽으로 옮기며, 몸을 약간 좌전(左轉)한다. 동시에 두 손을 아래로 돌려 좌역우순전사(左逆右順纏絲)하여 왼쪽으로 호(弧)를 그리며 좌리(左攦)한다.

눈은 두 손을 본다.(그림 3-142 ~ 그림 3-144)

(그림 3-142)

동작2

이어 중심을 오른쪽으로 이동하며 몸을 조금 우전(右轉)한다. 이와 동시에

(그림 3-143)

(그림 3-144)

(그림 3-145)

(그림 3-146)

두 손을 좌역우순전(左逆右順纏)에서 좌순우역전(左順右逆纏)으로 뒤집어 돌려서 오른쪽으로 호(弧)를 그리며 우리(右攦) 한다.(그림 3-145)

이어 중심을 다시 왼쪽으로 이동하고, 몸을 우전(右轉)한다. 이와 동시에 두 손을 순전(順纏) 하침(下沈)하여 가슴 앞으로 모은다. 장심(掌心)은 위로 향하고, 손가락 끝은 앞으로 향한다.

눈은 두 손을 보고 겸하여 전방도 살핀다.(그림 3-146)

동작3

이어 중심을 다시 왼쪽으로 이동하고, 두 무릎을 바깥쪽으로 열며, 몸을 약간 좌전(左轉)한다. 이와 동시에 두 손의 손목을 꺾어 바깥쪽으로 역전(逆纏)하여 돌리며 벌리는데, 왼손은 아랫배의 왼쪽 옆으로 펼치고, 오른손은 우전방으로 펼친다.(그림 3-147)

이어 우과(右胯)를 방송하고 몸을 신속하게 우전(右轉)하며, 왼손의 팔을 꺾어 손등을 왼쪽 아랫배에 붙이며 팔꿈치를 전하방으로 향해 발경하고, 오른손은 순전(順纏)하며 장심(掌心)으로 발경하는 왼팔꿈치를 마주하여 친다.

(그림 3-147)

발경과 동시에 두 무릎을 신속하게 안으로 모으며 도보(跳步)하고, 진각(震脚)으로 착지한다.

중심은 오른발에 두고, 눈은 전하방을 본다.(그림 3-148)

동작4

중심을 왼쪽으로 이동하며 몸을 약간 우전(右轉)하고, 오른발을 왼발 안쪽 조금 앞쪽으로 호(弧)를 그리며 거두어 발끝으로 가볍게 착지하여 다시 퇴보(退步)할 준비자세를 취한다.

동시에 왼손은 횡장(橫掌)[72]으로 배 앞을 지나 전상방(前上方)으로 뻗어 나가고, 오른손은 조금 왼쪽으로 움직여 왼팔꿈치 아래로 온다.(그림 3-149)

(그림 3-148)

이어 중심을 왼발에 둔 상태에서 몸을 조금 우전하며, 오른발을 우후방으로 퇴보하는데, 먼저 발 앞부분으로 착지하다가 뒤끝에 도달하였을 때는 신속하게 발뒤꿈치로 땅을 딛는데 발경하는 소리가 나도록 한다.

오른손은 다섯 손가락을 조금 구부려 안으로 당기며 가볍게 복부를 스치며

(그림 3-149)

(그림 3-150)

---

72) 손바닥이 가로로 놓이는 상태.

지나서, 몸이 우전하는 것에 맞추어 오른팔로 우후방을 향하여 주경(肘勁)을 발한다.

왼손은 조금 순전(順纏)하여 손바닥을 세워 입장(立掌)하며 앞으로 손바닥을 밀며 발경한다.

이때 왼손은 장심(掌心)이 앞으로 향하고, 손가락 끝은 위쪽으로 향하며, 오른손은 가볍게 복부에 붙인다.

정경령기(頂勁領起)하며, 눈은 전방을 보고, 귀는 몸 뒤의 동정을 듣는다.(그림 3-150)

동작5

이어 몸을 조금 좌전(左轉)하며, 오른손을 순전(順纏)하여 왼쪽으로 조금 나아간 뒤, 돌발적으로 중심을 오른쪽으로 조금 이동하며, 몸을 우전(右轉)하고, 두 팔을 좌역우순전사(左逆右順纏絲)하는데, 오른손은 장심(掌心)이 위로 향한 상태에서 우후방을 향하여 탄격(彈擊)하며 발경하고, 왼손은 장심이 아래로 향하여 몸의 회전을 따라 가볍게 가슴 앞에 붙인다.

눈은 우후방을 본다.(그림 3-151)

(그림 3-151)

동작6

이어 중심을 왼쪽으로 이동하며 몸은 먼저 좌전(左轉)한다. 동시에 오른손은 반탄(反彈)의 회경(回勁)[73]을 이용하여 팔을 굽혀 왼쪽으로 거두어들여, 가슴 앞에서 왼팔과 경(勁)을 합친다.(그림 3-152)

이어 굴슬송과(屈膝鬆胯)하며, 몸을 하침(下沈)하고, 동시에 왼손을 조금 순전(順纏)하여, 송견침주(鬆肩沈肘)하며 팔을 앞으로 전개하여 밀어낸다.

(그림 3-152)

---

73) 앞 동작의 탄력성을 되돌리며 이루는 동작과 경(勁).

(그림 3-153)

　　아울러 오른손은 손가락을 구부려 배를 쓰다듬듯이 만지며 우하방으로 송침(鬆沈)하여 왼손과 개경(開勁)을 형성한다.
　　정경령기(頂勁領起)하며, 눈을 좌전방을 본다.(그림 3-153)

　　≪요점≫
　　1. 〈동작1〉과 〈동작2〉는 방송상태에서 민활하게 이루어져야 하며, 허리를 차축(車軸)과 같이 하고, 기(氣)를 차륜(車輪)과 같이 운용하여 상하상수(上下相隨), 주신일가(周身一家)의 특징을 체현(體現)해야 한다.

　　2. 〈동작3〉의 도보박주(跳步拍肘)[74]하며 발경(發勁)할 때는 이요위축(以腰爲軸)하고, 빠르고 힘있게 하며, 정경령기(頂勁領起)하고, 신법중정(身法中正)하며, 소리는 간결하고 경(勁)은 정돈되어야 한다.

　　3. 〈동작4〉의 팔꿈치를 치는 동작은 유중우강(柔中寓剛)하고, 신법(身法)을 바로 하며, 왼손을 발경할 때는 오른팔꿈치의 발경과 오른발의 진각(震脚)이 함께 일치해야 하고, 상하상수(上下相隨)로 조화되며 경력(勁力)이 제대로 갖추어져야 한다.

제23식 중반(中盤)

동작1
　　앞의 식에 이어 몸을 약간 좌전(左轉)하며, 오른손을 장(掌)으로 바꾸어 앞으로 뻗어 왼손과 합주경(合住勁)을 이룬다.

---
74) 도약하면서 손으로 팔꿈치를 침.

(그림 3-154)   (그림 3-155)

이어 중심을 오른쪽으로 이동하며 몸을 다시 우전(右轉) 하침(下沈)하면서 두 손을 우하방으로 호(弧)를 그리며 하리(下攦)한다.(그림 3-154, 그림 3-155)

동작2

두 손을 하리(下攦)하여 우하방에 이르게 되면, 왼손은 순전(順纏)하여 팔을 굽히면서 손목을 굽혀 꺾는다.

이때 왼손의 다섯 손가락을 안쪽으로 모으며 손목으로 영경(領勁)하여 가슴 앞에까지 상붕(上掤)하여 올린다. 아울러 오른손은 순전하며 어깨 높이로 들어 올린다.

두 손의 상붕과 동시에 좌과(左胯)를 방송하며 왼발 끝을 조금 밖으로 벌려놓고, 몸을 좌전(左轉)하며 중심을 왼쪽으로 옮긴다.(그림 3-156)

중심을 완전히 왼발로 이동하게 되면, 몸을 왼쪽으로 약 90도 정도 돌리며, 오른다리를 들어 좌독립보(左獨立步) 자세를 이룬다.

동시에 오른손은 역전(逆纏)으로 팔을 돌려 앞쪽을

(그림 3-156)

(그림 3-157)

향해 횡장(橫掌)으로 하여 왼손과 상합(相合)하여 전방의 얼굴 높이로 발경(發勁)한다.

두 손의 위치는 왼손이 아래이고 오른손이 위이며, 서로 거리가 10여 센티미터이다. 왼손의 장심(掌心)과 손가락 끝은 모두 안쪽으로 향하고, 오른손은 장심이 앞으로 향하고, 손가락 끝은 왼쪽으로 향한다.

눈은 앞으로 향해 바로 본다.(그림 3-157)

동작3

이어 오른발을 진각(震脚)으로 내리며 땅을 굴려 소리를 내면서, 동시에 몸과 손도 이를 따라 자연스럽게 송침(鬆沈)하여 낮춘다.

바로 이어 중심을 왼발에서 오른발로 이동하고, 이어 우과(右胯)를 방송하며 몸을 약간 우전(右轉) 하침(下沈)한다.

이어 왼다리를 들어 발꿈치 안쪽으로 착지하며 왼쪽으로 미끄러지듯이 벌려서, 발끝을 위로 세워 안으로 당긴다.

동시에 왼손은 장(掌)으로 바꾸어 오른쪽을 향하여 조금 순전(順纏)으로 인경(引勁)하고, 오른손과 함께 서로 감싸서 합경(合勁)을 형성하는데, 두 손을

(그림 3-158)

(그림 3-159)

신가일로 99

좌하우상(左下右上)으로 하여 두 장심(掌心)이 서로 마주 보게 한다.

눈은 왼쪽 아래를 본다.(그림 3-158, 그림 3-159)

동작4

우과(右胯)를 방송하며 몸을 우전(右轉)하고, 중심을 왼쪽으로 이동한다.

동시에 왼손목을 절완(折腕)하며 다섯 손가락을 조금 구부려 모으고, 손목으로 영경(領勁)하여 좌상방으로 붕출(掤出)한다.

오른손은 조금 역전(逆纏)으로 우하방으로 향하여 안출(按出)한다.

왼손은 장심(掌心)과 손가락 끝이 우상방에서 아래로 향하고, 오른손은 장심이 아래로 향하고, 손가락 끝은 앞으로 향한다.

정경령기(頂勁領起)하고, 시선은 전방과 아울러 왼손을 보며, 귀는 몸 뒤의 동정을 듣는다.(그림 3-160)

(그림 3-160)

≪요점≫

1. 이 식에서는 개합(開合)의 연습을 중시하며, 욕좌선우(欲左先右)하고, 욕전선후(欲前先後)[75]하며, 개중우합(開中寓合)하고, 합중우개(合中寓開)하며, 정경령기(頂勁領起)하고, 신기고탕(神氣鼓蕩)[76]하고, 기첩척배(氣貼脊背)[77]하여 탄성(彈性)이 풍부해야 한다.

2. 이 식의 자세를 연습할 때는 신법(身法)을 비교적 낮게 하여 연습하는 것이 좋다. 그러나 당부(襠部)를 지나치게 낮추어 무릎보다 낮게 하면 탕당(蕩

---

75) 왼쪽으로 움직이려면 오른쪽으로 먼저 움직이고, 앞으로 움직이려면 뒤로 먼저 움직이는 것. 소위 성동격서(聲東擊西)와 그 의미가 상통함.
76) 정신이 통일되고 전신으로 내기(內氣)의 소통이 원활함.
77) 두 손이 개합(開合)의 경(勁)을 운용함에 있어 등으로부터 두 팔로 이어지는 기(氣)의 소통이 원활해지도록 배후(背後)로 흐르는 독맥(督脈)의 소통이 원활한 상태를 일컬음.
78) 당부(襠部)가 안정되지 못하고 흔들리는 상태.
79) 둔부가 무릎보다 낮아지는 자세.

(그림 3-161)

(그림 3-162)

襠)[78] 혹은 탑당(塌襠)[79]을 형성하게 되므로 이렇게 해서는 안 된다.

제24식 백학량시(白鶴亮翅)

동작1

앞의 식에 이어 좌과(左胯)를 방송하고, 몸을 조금 좌전(左轉)하며, 오른발을 왼발 옆으로 호(弧)를 그리며 거두어서 병보(幷步)를 이루며 발끝으로 왼발 안쪽에 허보(虛步)로 착지한다.

동시에 왼손을 장(掌)으로 바꾸어, 두 손을 좌역우순전사(左逆右順纏絲)로 가슴 앞에 모으는데, 왼손은 위에 위치하고 장심(掌心)이 아래로 향하며, 오른손은 아래에 있고 장심이 위쪽으로 향한다.

눈은 오른쪽을 본다.(그림 3-161)

동작2

이어 좌과(左胯)를 방송하며 몸을 약간 좌전(左轉) 하침(下沈)하고, 몸의 좌전과 더불어 두 손이 왼쪽으로 인경(引勁)해 나간다.

이와 동시에 오른발을 오른쪽으로 미끄러지듯이 가보(開步)하여 발꿈치 안

신가일로 101

쪽으로 착지한다.(그림 3-162)

　오른손을 계속 순전(順纏)하며 왼쪽으로 인경(引勁)하는 가운데, 몸을 좌전하면서 중심을 오른쪽으로 이동한다.

　이어 몸을 우전(右轉)하며, 두 손을 역전(逆纏)하여 분개(分開)하는데, 오른손은 우상방으로 호(弧)를 그리며 붕출(掤出)하고, 왼손은 좌과(左胯) 옆으로 하안(下按)한다.

　이때 중심은 오른발에 두고, 왼발은 오른발 옆으로 호를 그리며 거두어 오른발 안쪽에 허보(虛步)로 딛는다.

　자세를 완성하며 정경령기(頂勁領起)하고, 온몸을 방송하침(放鬆下沈)하고, 눈은 전방을 보고, 귀는 몸 뒤의 동정을 듣는다.(그림 3-163)

(그림 3-163)

제25식 사행요보(斜行拗步)

동작1

　앞의 식에 이어 두 손을 좌순우역전사(左順右逆纏絲)로 약간 아래로 내려 돌리며, 몸을 조금 우전(右轉)하였다가, 곧 바로 좌전(左轉)하며, 두 손을 좌역우순전사(左逆右順纏絲)로 왼손은 좌하방으로 하안(下按)하고, 오른손은 전상방으로 영경(領勁)하여, 몸이 왼쪽으로 도는 중에 나선형으로 상승하도록 한다.(그림 3-164)

　이어 우과(右胯)를 방송하고, 중심은 여전히 오른발에서 제어하며, 왼발을 지렛목으로 하고, 오른발꿈치를 축으로 삼아, 오른발 끝을 신속하게 밖으로 틀어 돌려 몸을 오른쪽으로 약 90도 돌린 다음, 굴슬하준

(그림 3-164)

(屈膝下蹲)[80]한다.

동시에 왼손은 팔꿈치를 굳히며 순전(順纏)하여 위로 올려 들고, 오른손은 역전(逆纏)으로 하안(下按)하여 우과(右胯) 옆으로 오는데, 좌장심(左掌心)은 오른쪽으로 향하고, 우장심(右掌心)은 아래로 향한다.

눈은 좌전방을 본다.(그림 3-165)

동작2

이어 두 손을 우상방으로 상리(上掘)하며 왼발을 들어 왼쪽으로 크게 한 발 개보(開步)한다.

눈은 왼쪽을 본다.(그림 3-166, 그림 3-167)

(그림 3-165)

동작3

좌과(左胯)를 방송하고 몸을 하침(下沈) 좌전(左轉)하며, 왼손은 역전(逆纏) 하침하고 오른손은 조금 순전(順纏)하여 오른쪽 귀 아래로 모은다.

이어 몸통이 왼쪽 아래로 호(弧)를 그리듯이 하며 왼다리로 중심 이동하고, 중심 이동과 아울러 왼손은 하호(下弧)를 그리며 좌상방으로 나아가 구수(勾

(그림 3-166)

(그림 3-167)

---

80) 무릎을 굽히고 아래로 쭈그리고 앉듯이 몸을 낮춤.

手)로 만들어 어깨 높이로 들어올린다.
　오른손은 귀밑에서 먼저 앞으로 안(按)의 자세로 밀고, 이어서 우과(右胯)를 방송하고 몸을 우전(右轉)하면서 오른손을 몸의 회전에 따라 역전하여 오른쪽으로 호(弧)를 그리며 전개한다.
　정경령기(頂勁領起)하며, 눈은 전방을 보고, 귀는 몸 뒤의 동정을 듣는다.(그림 3-168 ~ 그림 3-170)

(그림 3-168)

제26식 섬통배(閃通背)

동작1

　앞의 식에 이어 두 무릎을 안으로 모으며 당경(襠勁)을 합하고, 몸을 조금 좌전(左轉)한다. 이와 동시에 왼손을 장(掌)으로 바꾼 다음, 두 손을 동시에 역전(逆纏)하여 위로 호(弧)를 그리며 돌려서 이마 앞에 서로 모은다.(그림 3-171)
　바로 이어 몸을 우전(右轉) 하침(下沈)하고, 두 손을 순전(順纏)하며 바깥으로 벌려 아래로 돌려서 다시 안으로 모아 왼무릎 위에서 서로 합친다.
　이때 두 손의 장심(掌心)을 위로 향하고, 손가락 끝은 앞으로 향하게 된다.

(그림 3-169)

(그림 3-170)

(그림 3-171)

눈은 전방을 보고, 아울러 두 손도 본다.(그림 3-172)

동작2

이어 몸을 좌전(左轉)하며, 우과(右胯)를 방송(放鬆)하고, 중심을 왼발로부터 점차 오른쪽으로 이동한다. 오른무릎을 안으로 모으고, 오른발의 발꿈치를 축으로 하여, 발끝을 안으로 당기고, 몸은 돌아가는 것에 따라 방송하침(放鬆下沈)한다.

두 손을 좌하우상(左下右上)으로 서로 포개고, 몸의 회전을 따라 역전하며 하침하는데, 두 팔꿈치가 바깥쪽을 향하여 붕경(掤勁)을 더하고, 두 손바닥은 몸 쪽으로 향해 접근시킨다.(그림 3-173)

몸을 계속 나선하침(螺旋下沈)하며, 중심을 오른발로 완전히 이동한 뒤, 왼발을 좌후방으로 신속하게 회전하여 몸을 왼쪽으로 135도 돌린 뒤에 왼발의 발끝으로 착지한다.

이때 왼발 끝을 오른발 안쪽에 딛고, 두 손은 왼손을 아래에 오른손을 위에 포개어 합경(合勁)하고, 장심(掌心)은 위로 향하되 조금 안으로 치우치고, 왼

(그림 3-172)

(그림 3-173)

신가일로 105

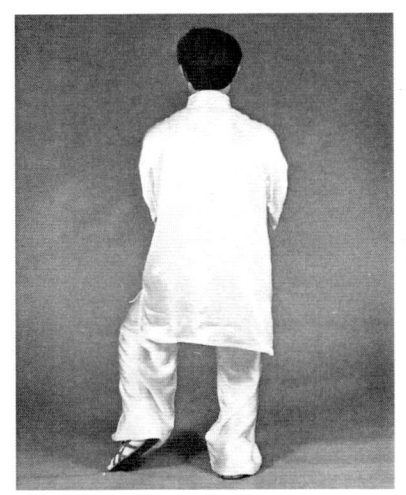
(그림 3-174)

(그림 3-175)

손의 손가락 끝은 오른쪽으로 향하며, 오른손의 손가락 끝은 왼쪽으로 향한다.
눈은 전방과 아울러 오른쪽을 본다.(그림 3-174)

동작3

이어 몸을 조금 우전(右轉)하며 몸체를 상승시키며, 두 손바닥을 우상방으로 료격(撩擊)한다.(그림 3-175)

이어 료격의 반탄력(反彈力)을 이용하여 신속히 두 손을 거두어들여 가슴 앞에 모은 다음, 오른손을 역전(逆纏)으로 뒤집어 장심(掌心)이 바깥을 향하도록 돌려 좌장심(左掌心)과 마주 대하도록 한다.

이어 왼손은 왼쪽으로 향하고, 오른손은 오른쪽으로 향하며, 두 손을 가슴 앞에서부터 장심이 서로 엇갈리게 좌우로 나누어 벌린다.

이때 두 장심이 모두 오른쪽으로 향하고, 손가락 끝은 앞으로 향하게 된다.
눈은 전방과 아울러 두 손을 본다.(그림 3-176, 그림 3-177)

동작4

우과(右胯)를 방송하고 몸을 우전(右轉)하며 체중을 뒤로 실으며 후좌(後坐)[81]하는데, 이때 왼발 뒤꿈치를 바깥으로 돌려서 벌리고 우전(右轉)하는 몸을 따라 후좌하며 중심을 오른발에서 점차 왼발로 이동하고 오른발 앞쪽을 바

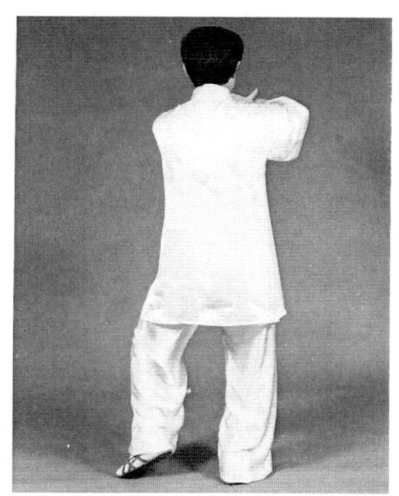

(그림 3-176)

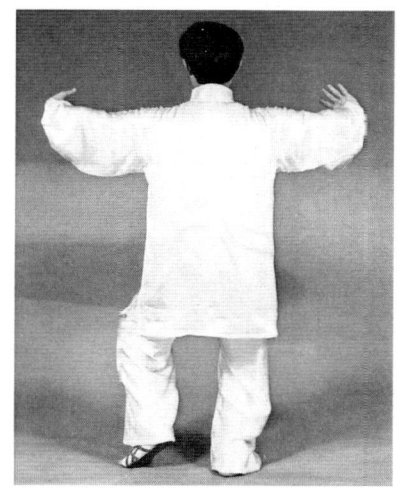

(그림 3-177)

깥쪽으로 틀어 돌린다.

이 동작은 몸을 나선(螺旋) 하침(下沈)하는 가운데 오른쪽으로 120도 정도 몸을 회전하는 것이다.

몸의 회전과 동시에 두 손은 좌역우순전사(左逆右順纏絲)하는데, 왼손은 몸의 회전을 따라 전방으로 밀어내고, 오른손은 오른쪽 허리 곁으로 내려온다.

이때 왼손은 장심(掌心)이 앞으로 향하고, 손가락 끝은 위쪽으로 향하며, 오른손은 장심이 위로 향하고, 손가락 끝은 앞으로 향하게 한다.

정경령기(頂勁領起)하고, 눈은 전방을 본다.(그림 3-178, 그림 3-179)

동작5

이어 오른발에 체중을 실어 밟으며 중심을 앞으로 옮겨간다. 계속하여 우과(右胯)를 방송하며 몸을 우전(右轉) 하침(下沈)하고, 왼발을 들어 좌전방으로 상보(上步)하여, 발꿈치로 착지하고, 발끝을 위로 세운다.(그림 3-180, 그림 3-181)

이어 중심을 앞으로 이동하며 왼발의 착지를 충실히 하고, 이동하는 중심을 따라 좌과(左胯)를 방송(放鬆)하며, 오른발에 힘을 실으며 몸을 90도 정도 좌

---

81) 중심(重心)을 뒤로 빼며 엉덩이 끝으로 걸터앉듯이 하며 자세를 조금 낮춤.

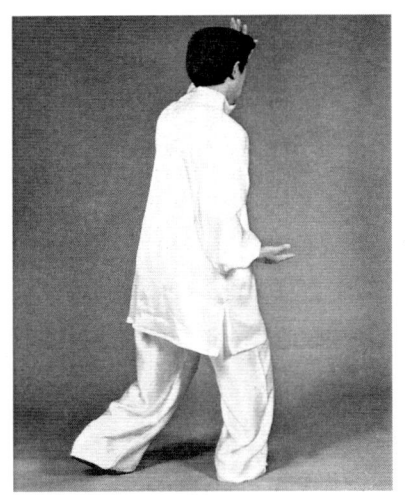

(그림 3-178)

(그림 3-179)

전(左轉)한다.

　몸의 좌전과 동시에 오른손을 허리 옆에서부터 전상방을 향하여 손끝으로 찌르며 발경한다.

　아울러 왼손은 가슴 앞을 지나 역전(逆纏)하여 좌후방으로 끌어내려 좌과(左胯) 옆으로 온다. 이때 오른손의 장심(掌心)은 위로 향하고, 손가락 끝은 전상방을 향하며, 왼손의 장심은 아래로 향하고, 손가락 끝은 앞으로 향한다.

(그림 3-180)

(그림 3-181)

(그림 3-182)

정경령기(頂勁領起)하고, 눈은 전방을 보며, 귀는 몸 뒤의 동정을 듣는다.(그림 3-182)

동작6

좌과(左胯)를 방송(放鬆)하고, 왼무릎을 안으로 모으며, 왼발 끝을 완전히 안으로 당기고, 중심은 여전히 왼발에 둔다.

이어 우과(右胯)를 방송하고, 몸을 나선하침(螺旋下沈)하는 것과 동시에 오른쪽으로 약 90도 회전한다.

이와 동시에 두 손은 좌순우역전사(左順右逆纏絲)하여, 오른손은 팔을 굽혀 손바닥을 뒤집으며 상붕(上掤)하여 이마 위로 오고, 왼손은 왼쪽으로 펴서 어깨 높이 정도로 들어올린다.(그림 3-183)

왼 발꿈치를 축으로 하여 몸을 신속하게 우후방으로 돌리며 회전하는데, 150도 정도 회전하여 오른발의 발바닥으로 착지하며 발꿈치로 땅을 울려 진각(震脚)하는 소리를 낸다. 이때 왼발 끝은 적당히 안으로 당겨 조정해도 좋다.

동시에 오른손은 호(弧)를 그리며 역전(逆纏) 하안(下按)하면서 우과(右胯) 곁으로 온다. 아울러 왼손은 왼쪽으로부터 위로 호를 그리며 달려 전하방을 향

(그림 3-183)

(그림 3-184)

신가일로 109

해 벽장(劈掌)[82]한다. 이때 좌장심(右掌心)은 우하방을 향하고, 우장심(右掌心)은 좌하방을 향하며, 두 손의 손가락은 모두 전방을 향한다.

정경령기(頂勁領起)하고, 눈은 전방을 보며, 귀는 몸 뒤의 동정을 듣는다.(그림 3-184)

≪요점≫

1. 〈동작1〉과 〈동작2〉의 속도는 마땅히 빠르게 할 수도 있고 느리게 할 수도 있는데 그 감각을 숙달해야 한다. 두 손을 상료(上撩)할 때는 빠르게 하고, 왼다리를 뒤로 돌릴 때도 빠르게 하며, 기타 동작에서는 상대적으로 느리게 해야 한다.

왼발을 뒤로 돌릴 때는 두 손을 둘러싸듯이 서로 포개고, 몸이 돌며 발이 따라가고, 신법중정(身法中正)하여 치우침이 없고, 온몸은 방송하침(放鬆下沈)하며, 두 팔꿈치를 하침하여 밖으로 뒤집는다.

2. 〈동작6〉 중에서 우후방으로 몸을 150도 돌릴 때는 왼손의 벽경(劈勁)과 오른손의 안경(按勁) 그리고 오른발의 진각(震脚)이 동시에 조화 일치되며 완성되어야 하고, 안정된 탄두성(彈抖性)이 갖추어져야 한다.

제27식 엄수굉추(掩手肱捶)

동작1

앞의 식에 이어 오른손을 주먹으로 바꾸어 쥐며 두 손을 먼저 순전(順纏)하여 바깥쪽으로 벌리며 조금 아래로 내렸다가 이어 두 손을 역전(逆纏)하며 전상방으로 호(弧)를 그리며 팔을 돌린 다음, 배 앞에서 두 손을 서로 합친다.

동시에 중심을 왼쪽으로 이동하며 몸을 좌전(左轉)하고, 오른다리를 들어 좌독립보(左獨立步) 자세를 이룬다.

눈은 전방을 본다.(그림 3-185, 그림 3-186)

---

82) 도끼로 쪼개듯이 수도(手刀)로 내려치는 손모양.

(그림 3-185)

(그림 3-186)

동작2
    오른발을 진각(震脚)으로 착지하며 땅을 굴려 소리를 내고, 곧 바로 왼다리를 들어 왼쪽으로 개보(開步)한다.
    눈은 전방을 본다.(그림 3-187, 그림 3-188)

(그림 3-187)

(그림 3-188)

(그림 3-189)   (그림 3-190)

동작3

중심을 왼쪽으로 이동하며 몸을 좌전(左轉)함과 동시에 오른주먹을 순전(順纏)하여 오른쪽으로 발경(發勁)한다.

이어 우과(右胯)를 방송(放鬆)하며 몸을 우전(右轉)하고, 두 팔을 굽혀 가슴 앞에 서로 포개듯이 하여 모은다. 이때 왼팔이 오른팔 위에 있다.

눈은 전방을 본다.(그림 3-189, 그림 3-190)

동작4

두 팔을 조금 하침(下沈)하며 왼손은 좌전방으로 오른주먹은 우하방으로 나가며 분개(分開)한다.

우과(右胯)를 방송하며 중심을 오른쪽으로 이동하며 몸을 우전(右轉) 하침한다.

이어 왼손을 앞으로 펼치고, 오른팔을 몸 쪽으로 굽히며 오른주먹을 오른쪽 허리 곁으로 끌어 붙이며 축경(蓄勁)한다.

오른발에 무게를 실어 디디고 좌과(左胯)를 방송(放鬆)하며 몸을 신속하게 좌전(左轉)하면서 중심을 왼쪽으로 이동한다. 이와 동시에 오른주먹은 역전(逆纏)하며 앞을 향해 나가고, 왼손은 반쯤 주먹을 쥐고 순전(順纏)하며 신속하게 팔꿈치를 뒤로 굽혀 빼내며 주경(肘勁)을 방출한다.

(그림 3-191)

(그림 3-192)

정경령기(頂勁領起)하며, 눈은 전방을 보고, 귀는 몸 뒤의 동정을 듣는다.(그림 3-191 ~ 그림 3-193)

≪요점≫

〈동작1〉에서 두 손을 역전(逆纏) 하침(下沈)할 때는 침착하고 듬직하면서도 완만하게 해야 하며, 전상방으로 합경(合勁)할 때는 속도를 상대적으로 더 빨리 하고, 발경(發勁)할 때는 쾌속으로 하여 상합(相合)하는 것이 좋다.

물론 빠르고 느림은 모두 오른다리를 위로 드는 것과 조화 일치해야 하며, 몸은 단정하고 걸음은 안정되어야 한다.

(그림 3-193)

제28식 대육봉사폐(大六封四閉)

동작1

앞의 식에 이어 왼손을 주먹으로 바꾸어 쥐며 두 손을 절완(折腕)하여 선역후순(先逆後順)으로 돌려 작

(그림 3-194)

(그림 3-195)

은 원을 그린 다음, 배 앞으로 모은다.(그림 3-194).
    이어 두 주먹을 좌역우순전사(左逆右順纏絲)로 하침(下沈)하여 아랫배 앞에서 교차시켜 모은다.
    동시에 몸은 나선(螺線) 하침하고 아울러 좌과(左胯)를 방송(放鬆)하며 조금 좌전(左轉)한다. 이때 좌권심(左拳心)은 아래로 향하고, 우권심(右拳心)은 왼쪽을 향한다.
    눈은 전방을 본다.(그림 3-195)

동작2

    몸을 조금 우전(右轉)하며 상승시키고, 두 주먹을 장(掌)으로 바꾸어서 좌순우역전사(左順右逆纏絲)로 앞을 향해 합주경(合住勁)을 이루며 조금 좌상방으로 치우쳐 제출(擠出)한다. 이때 높이는 가슴과 수평이 되도록 한다.(그림 3-196)
    계속 오른쪽으로 중심을 이동하며 좌과(左胯)를 방송하고 몸을 나선(螺線) 하침(下沈)하면서 왼쪽으로 약 45도 돌고, 왼발 발꿈치를 축으로 하여 발끝을 바깥쪽으로 돌려놓은 뒤, 왼손은 조금 역전(逆纏)하고,

(그림 3-196)

(그림 3-197) (그림 3-198)

    오른손은 순전(順纏)하여, 두 손이 아래로 호(弧)를 그리며 내려가 리경(掘勁)을 형성한다.(그림 3-197)
    이어 중심을 왼쪽으로 이동하여 왼발로 무게를 지탱하며, 오른무릎으로 영경(領勁)하며 오른다리를 들어올리고, 발끝을 자연스럽게 아래로 드리우며 좌독립보(左獨立步) 자세를 이룬다.
    동시에 왼손은 조금 역전하여 좌상방으로 호구(虎口) 모양으로 붕원(掤圓)하는데, 엄지손가락 쪽 완관절(腕關節)로 영경(領勁)하여 호를 그리며 들어올리고, 다섯 손가락은 비스듬히 아래로 드리워 조수(叼手)모양을 형성한다.
    아울러 오른손은 조금 순전하여 호를 그리며 상탁(上托)하는데, 왼손의 조수(叼手)를 오른손이 밀어 올리며 받쳐드는 모양으로 몸의 회전에 따라 좌상방으로 리경(掘勁)을 같이한다.
    정경령기(頂勁領起)하고, 눈은 오른쪽을 본다.(그림 3-198)

동작3

    두 손을 역전(逆纏)하여 손바닥을 뒤집어 가슴 앞에 모은다. 이와 동시에 좌과(左胯)를 방송하여 몸을 하침(下沈)하면서 약간 좌전(左轉)하고, 오른발을 오른쪽으로 상보(上步)하여 발꿈치 안쪽으로 착지하고, 발끝을 위로 세워 안으로 당긴다.(그림 3-199)

(그림 3-199)

(그림 3-200)

　이어 우과(右胯)를 방송하고, 중심을 오른발로 이동하며 오른발 끝을 땅에 내려 밟고, 몸을 조금 우전(右轉)한 뒤, 왼발을 들어 호(弧)를 그리며 오른발 쪽으로 거두어 병보(幷步)를 이루며 허보(虛步)로 착지한다.
　중심이동과 더불어 두 손은 합경(合勁)하여 조금 순전(順纏)하며 우하방으로 안출(按出)하고, 몸은 안경(按勁)을 따라 나선(螺線) 하침(下沈)한다.
　눈은 우하방을 본다.(그림 3-200)

　≪요점≫
　1. 〈동작1〉과 〈동작2〉의 전반부(前半部) 동작은 접경(接勁)과 인경(引勁) 동작이 되며, 속도는 상대적으로 조금 느리게 한다.
　〈동작2〉의 제(提)·탁(托)·리(攦)의 동작은 빨리 해야 한다. 두 손과 오른다리는 상하상합(上下相合)하여 조화(調和) 일치(一致)되어야 한다.

　2. 독립보(獨立步) 시에는 왼다리의 무릎을 당겨 조금 굽혀야 하며, 과관절(胯關節)을 방송하고, 다섯 발가락이 땅을 움켜쥐듯이 해야 한다. 몸의 상부는 허령정경(虛領頂勁)하고, 가슴과 무릎이 합경(合勁)을 이루어야 한다. 상지(上肢)와 하지(下肢)가 서로 끌며 늘이듯 하여 신법중정(身法中正)하고 자세가 확고하며 좌우가 비뚤어지거나 기울지 않도록 한다.

3. 〈동작3〉은 상인하진(上引下進)의 기격법(技擊法)으로, 〈제4식〉의 육봉사폐(六封四閉)와 유사하다. 다만 〈제4식〉에서는 중심의 이동으로 진격하지만, 여기에서는 오른발이 나아가며 진격한다. 그래서 진격하며 발을 뻗고(蹬), 차며(踢), 걷어차는(踹) 것도 가능하고, 땅에 내려서는 밟고(踩), 끼우고(挿), 포갤(套) 수도 있다. 따라서 이 식에서는 상체와 하체의 동작의 배합과 조화가 득기(得機)와 득세(得勢)의 관건이다.

(그림 3-201)

제29식 단편(單鞭)

동작1

앞의 식에 이어 몸을 먼저 조금 우전(右轉)하면서 두 손을 순전(順纏)하는데, 왼손은 외천(外穿)[83]하고, 오른손은 내수(內收)[84]하며 돌린다.(그림 3-

(그림 3-202)

(그림 3-203)

---

83) 바깥쪽으로 찌름.
84) 안으로 거두어들임.

(그림 3-204)

(그림 3-205)

201)
　이어 오른손을 역전(逆纏)하며 구수(勾手)로 바꾸어 우상방 어깨 높이로 붕출(掤出)하고, 왼손은 조금 순전하여 아래로 송침(鬆沈)하여 배 앞으로 와서 장심(掌心)이 위로 보게 하며, 몸을 조금 좌전(左轉) 하침(下沈)한다.
　이어서 우과(右胯)를 방송하고, 몸을 조금 우전 하침하며, 왼무릎으로 영경(領勁)하여 왼다리를 든다.
　눈은 왼쪽을 본다.(그림 3-202, 그림 3-203)

동작2
　몸을 하침(下沈)하며, 왼다리를 왼쪽으로 크게 한 발 개보(開步)하고, 하호(下弧)를 그리며 왼쪽으로 중심을 이동한다.
　이어 왼손을 우상방으로 천장(穿掌)한 다음, 역전(逆纏)으로 뒤집어 팔을 돌리고, 다시 역전하여 왼쪽으로 전개한다.
　왼손을 천장(穿掌)할 때는 조금 오른쪽으로 중심을 돌린다.
　눈을 전방을 본다.(그림 3-204 ~ 그림 3-206)

(그림 3-206)

제30식 운수(雲手)

동작1

(그림 3-207)

앞의 식에 이어 오른손의 구수(勾手)를 장(掌)으로 바꾸어 순전(順纏)하여 아래로 호(弧)를 그리며 송침(鬆沈)한다.

이어 우과(右胯)를 방송하고 몸을 우전(右轉)하며 중심을 오른쪽으로 이동한다.

이와 동시에 두 손을 좌순우역(左順右逆)으로 오른쪽 상방으로 붕출(掤出)한다. 좌장심(左掌心)은 위로 향하고, 우장심(右掌心)은 바깥쪽으로 향하며, 손가락은 모두 왼쪽을 향한다.

눈은 전방을 보는데 왼쪽으로 치우친다.(그림 3-207)

동작2

몸을 조금 우전(右轉)하고 중심을 왼쪽으로 이동하며, 오른발을 들어 왼발 뒤로 삽보(揷步)하여 발끝으로 착지한다.

(그림 3-208)

동시에 왼손은 먼저 순전(順纏)하여 우상방으로 향하다가 다시 역전(逆纏)으로 손바닥을 뒤집어 상호(上弧)를 그리며 왼쪽으로 붕출(掤出)하고, 오른손은 팔을 돌려 순전으로 하침(下沈)하여 하호(下弧)를 그리며 왼쪽으로 붕출한다.

이때 왼손은 장심(掌心)이 앞으로 향하고, 손가락 끝은 오른쪽으로 향하며, 오른손은 장심이 좌상방을 향하고, 손가락 끝은 앞쪽으로 향한다.

두 손은 경(勁)을 합치며 왼쪽으로 붕(掤)한다.

눈은 오른쪽을 본다.(그림 3-208)

동작3

중심을 왼발로 이동하며 몸을 조금 우전(右轉) 하침(下沈)하고, 왼발을 들어 왼쪽으로 크게 한 발 개보(開步)하여 발끝으로 착지하여, 발끝을 위로 세우고 안으로 당긴다.

동시에 오른손을 먼저 순전(順纏)하다가 다시 역전(逆纏)하며 위로 손바닥을 뒤집어 상호(上弧)를 그리며 오른쪽으로 붕출(掤出)하는데 대략 어깨높이이다.

아울러 왼손은 순전으로 팔을 돌려 하침하여 하호(下弧)를 그리며 오른쪽으로 붕출한다.

이때 오른손은 장심(掌心)이 앞으로 향하고, 손가락 끝은 왼쪽으로 향하며, 왼손은 장심이 우상방으로 향하고 손가락 끝은 앞쪽으로 향한다.

눈은 왼쪽을 본다.(그림 3-209)

(그림 3-209)

동작4

중심을 왼쪽으로 이동하고, 오른발을 왼발 뒤로 삽보(揷步)한다.

동시에 왼손을 선순후역전사(先順後逆纏絲)하며, 손바닥을 뒤집어 상호(上弧)를 그리며 좌상방으로 붕출(掤出)하고, 오른손은 순전(順纏)으로 팔을 아래로 돌려 하호(下弧)를 그리며 왼쪽으로 붕출한다.

이때 두 손은 경(勁)을 합쳐 왼쪽으로 붕(掤)한다.

눈은 오른쪽을 본다.(그림 3-210)

(그림 3-210)

동작5

중심을 오른쪽으로 이동하고, 몸을 우전(右轉) 하침(下沈)하며, 왼발을 들어 왼쪽으로 개보(開步)하여 벌리고, 발꿈치 안쪽으로 착지하여 발끝을 위로 세워 안으로 모은다.

동시에 오른손은 선순후역전사(先順後逆纏絲)하며

(그림 3-211)

위로 손바닥을 뒤집어 상호(上弧)를 그리며 오른쪽으로 붕출(掤出)하는데 대략 어깨높이이다.

아울러 왼손은 순전(順纏)으로 팔을 아래로 돌려 하호(下弧)를 그리며 오른쪽으로 붕출한다.

두 손은 경(勁)을 합하여 오른쪽으로 붕(掤)한다.

눈은 왼쪽을 본다.(그림 3-211)

≪요점≫

1. 이 식은 전체 투로 중에서 매우 중요한 동작의 하나로 이것을 연습할 때는 삽보(揷步)를 연속해서 할 수도 있고, 개보(盖步)나 병보(幷步)로 할 수도 있으며, 세 가지 보법(步法)을 교체하여 할 수도 있다. 물론 어떤 종류의 보법을 사용하건 모두 발의 허실전환(虛實轉換)에 반드시 주의해야 한다.

어떤 손에 특별히 의념(意念)을 많이 집중하면 그 손이 실(實)하게 되는데 그렇게 되면 그쪽 다리는 곧 허(虛)가 되고, 이 반대도 또한 그러하다. 이렇게 해야 비로소 상하상수(上下相隨), 주신협조(周身協調)를 이루어 두 손과 두 발의 허실(虛實)이 온몸의 허실로 통일시켜 나갈 수 있다.

2. 전사경(纏絲勁)으로 중심의 전환과 수법(手法)의 전환을 꾀하고자 하면, 욕좌선우(欲左先右)하고, 욕상선하(欲上先下)해야[85] 하며, 아울러 민활한 안법(眼法)을 배합해야 비로소 신기고탕(神氣鼓蕩)하고, 고반자여(顧盼自如)[86] 할 수 있다.

3. 두 손을 좌우에서 전사(纏絲)할 때는, 두 손이 좌우에서 원을 그리는 동작과 좌우로 몸을 회전하며 나아가는 신법(身法)과 안쪽으로 전사하는 기법(技法)이 동시에 조화를 이루면서 이요위축(以腰爲軸)하고, 기첩척배(氣貼脊背)하여야 제대로 이룰 수 있다.

---

85) 왼쪽으로 움직이려면 먼저 오른쪽으로 움직이고, 위로 움직이려면 먼저 아래로 움직여야 함.
86) 주위를 살피고 대처함이 마음대로 이루어짐.

제31식 고탐마(高探馬)

동작1

앞의 식에 이어서, 좌과(左胯)를 방송하고 몸을 좌전(左轉)하며, 중심을 왼쪽으로 이동한다.

동시에 왼손은 역전(逆纏)으로 팔을 돌려서 왼팔을 안으로 굽혔다가 손바닥의 수도(手刀) 부분으로 영경(領勁)하며 좌전방으로 붕출(掤出)하고, 오른손은 순전(順纏)하여 바깥쪽 아래로 좀 더 빼서 오른쪽에 이른다.(그림 3-212)

이 동작의 결과, 왼손은 전료(前撩)[87]하고, 오른손은 후료(後撩)[88]하여 두 손이 전후로 짝을 이루도록 하며, 몸의 중심은 하호(下弧)를 그리며 계속 왼쪽으로 이동하게 된다.

이때 좌장심(右掌心)은 아래로 향하고 손가락 끝은 왼쪽으로 향하며, 우장심(右掌心)은 앞쪽으로 향하고 손가락 끝은 오른쪽으로 향한다.

정경령기(頂勁領起)하고 눈은 왼쪽을 보며 귀는 몸의 뒤쪽의 동정을 듣는다.(그림 3-213)

(그림 3-212)

동작2

이어 좌과(左胯)를 방송하고 몸을 좌전(左轉)하며, 오른발을 들어 왼발의 안쪽으로 거두어들여 발끝으로 착지한다.

동시에 두 손은 순전(順纏)하여 가슴 앞에 서로 교차시켜 모으는데, 왼손이 위에 있고 오른손이 아래에 있으며, 왼손을 오른팔의 안쪽에 붙인다.

이때 오른손은 위로 향하고 그 손가락은 앞으로 향하며, 왼손은 아래로 향하고 그 손가락은 오른쪽으로 향한다.

(그림 3-213)

---

87) 전료(前撩): 손가락 끝이 앞쪽으로 향하게 하는 손의 동작.
88) 후료(後撩): 손가락 끝이 뒤쪽으로 향하게 하는 손의 동작.

(그림 3-214)

눈은 오른쪽 앞을 바라보고, 귀는 몸 뒤의 동정을 듣는다.(그림 3-214)

동작3

몸을 나선하침(螺旋下沈)하면서 약간 좌전(左轉)하고, 두 손의 경(勁)을 모으며 좌상방으로 이끈다. 동시에 오른발을 들어서 오른쪽 뒤로 개보(開步)한다.(그림 3-215).

그런 다음 우과(右胯)를 방송하고, 몸을 약간 우전(右轉)하며, 중심을 점차 오른쪽으로 이동한다.

이어 두 손을 역전(逆纏)하여 상붕(上掤)한 다음, 계속 역전하여 호(弧)를 그리면서 두 손을 좌우로 분개(分開)하여 벌리는데, 두 팔이 어깨와 수평이 되도록 송견(鬆肩), 침주(沈肘), 좌완(坐腕), 하침(下沈)하며 경(勁)을 모은다.

이때 두 손의 장심(掌心)은 모두 바깥쪽으로 향하고, 손가락은 위쪽으로 향한다.

정경령기(頂勁領起)하고 눈은 앞을 응시한다.(그림 3-216)

(그림 3-215)

(그림 3-216)

신가일로 123

동작4

몸을 약간 우전(右轉)하고 중심은 왼쪽으로 이동하며, 오른손은 우하방으로 송침(鬆沈)하며 내리고, 왼손은 순전(順纏)하여 돌린다.(그림 3-217)

이어 좌과(左胯)를 방송하고 몸을 좌전(左轉) 하침(下沈)하면서, 중심을 오른쪽으로 이동하고, 오른무릎을 안으로 모으며 오른발 끝을 발꿈치를 축으로 하여 안쪽으로 모은다.

동시에 오른손은 선순후역전(先順後逆纏)으로 팔을 굽히며 위쪽으로 돌려 오른쪽 귀 옆으로 모으고, 왼손은 순전으로 작게 돌린다.

(그림 3-217)

몸이 계속 좌전하는 가운데 왼발이 왼쪽 뒤로 돌아가서 약 135도를 돌린 다음에, 오른발 안쪽으로 거두어서 발끝으로 착지한다.

동시에 오른손은 순전(順轉)하며 앞으로 밀어내고, 왼손은 몸의 회전하는 것을 따라 왼쪽 허리로 거두어들인다. 이때 오른손은 장심(掌心)이 바깥쪽을 향하고, 손가락 끝은 위로 향하며, 왼손은 장심이 위로 향하고, 손가락 끝은 오른쪽으로 향한다.

정경령기(頂勁領起)하고 눈은 오른쪽을 보며, 귀는 몸 뒤의 동정을 듣는다.(그림 3-218~그림 3-220)

≪요점≫

〈동작4〉 중에서 오른팔을 굽히며 오른손을 귀 쪽으로 모을 때, 오른손의 전사경(纏絲勁)이 오른팔꿈치의 바깥으로 돌아야 한다. 그래야만 비로소 오른손이 나선전사(螺旋纏絲)의 경(勁)을 이루어 전추(前推)할 때에 발경(發勁)할 수 있는 축경(蓄勁)을 얻게 된다.

오른손을 앞으로 밀어내며 왼손을 허리로 거두어들이는 동작과 왼발을 뒤로 쓸어서 거두어들이는 동작은 조화되어 일치해야 한다.

자세를 완성한 뒤에는 어깨와 팔꿈치를 방송하침

(그림 3-218)

(그림 3-219)

(그림 3-220)

(放鬆下沈)하며, 전신의 심기(心氣)를 하강시키고, 탑요(塌腰), 송과(鬆胯), 굴슬(屈膝), 각지조지(脚趾抓地)[89]해야 한다. 또한 정경(頂勁)은 위로 이끌고, 두 손은 아래로 내려뜨려 경을 모은다.

제32식 우찰각(右擦脚)

동작1

앞의 식에 이어서, 제자리에서 두 손을 선역후순전(先逆後順纏)으로 절완(折腕)하여 돌리며 두 손이 각각 작은 원을 그린다.

이어 몸을 굴슬송과(屈膝鬆胯)하고 하침(下沈)하며 두 손을 배 앞으로 모으는데, 왼손은 약간 역전(逆纏) 하침(下沈)하고, 오른손은 순전(順纏)으로 왼쪽을 향해 하리(下掘)하여 서로 모은다.

계속해서 몸을 약간 우전(右轉)하면서 자세를 높이

(그림 3-221)

---

89) 다섯 발가락이 땅을 움켜쥔다는 감각으로 용천(湧泉)을 허(虛)하게 하여 착지함.

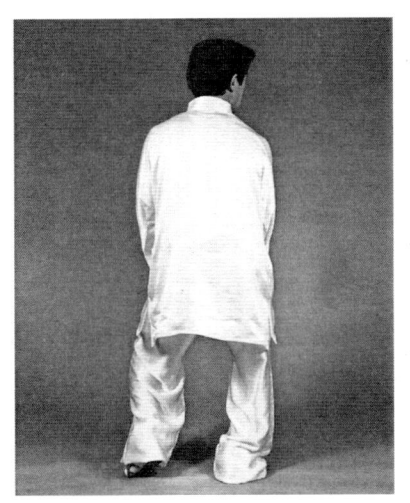

(그림 3-222)　　　　　　　　　　　　　　　　　(그림 3-223)

고, 두 손을 좌순우역전사(左順右逆纏絲)로 돌리며 경을 모아 우상방의 어깨 높이로 제출(擠出)한다.

　이때 오른손은 밖으로 향하고, 그 손가락 끝은 왼쪽 앞으로 향하게 하며, 왼손은 안쪽으로 향하고, 그 손가락 끝은 뒤로 향한다.

　정경령기(頂勁領起)하고 눈은 오른쪽을 응시한다.(그림 3-221~그림 3-223)

동작2

　중심을 다시 오른쪽으로 이동하며 몸을 좌전(左轉)하침(下沈)한다.

　동시에 왼손은 조수(叼手) 모양을 하고 손목을 이용하여 좌상방으로 붕경(掤勁)을 이끌고, 오른손은 순전(順纏)하며 손바닥을 뒤집어 위로 밀어 올린다.(그림 3-224)

　이어 왼다리를 들어올려 오른무릎의 앞을 지나 오른쪽으로 개보(盖步)하여 나가서, 발끝의 바깥 가장자리 부분으로 먼저 착지한다.

　동시에 왼손은 장(掌)으로 바꾸어 위쪽으로 가서 다

(그림 3-224)

(그림 3-225)

(그림 3-226)

시 오른쪽으로 그리고 아래로 돌리며 선역후순전사(先逆後順纏絲)를 행하고, 오른손은 조금 왼쪽으로 약간 순전하면서 이끌어서, 두 팔을 가슴 앞에서 서로 교차시켜 모으는데, 왼팔이 위로 오른팔이 아래로 가게하고, 두 손은 왼손은 아래로 보고 오른손은 위로 보며, 손가락 끝이 모두 위쪽으로 비스듬히 향한다.

눈은 왼손을 응시하고, 오른손과 왼손이 서로 모인 후에는 오른쪽을 바라본다.(그림 3-225, 그림 3-226)

(그림 3-227)

(그림 3-228)

신가일로 127

동작3

이어 두 손을 합경(合勁)하면서 역전(逆纏)으로 뒤집어 상붕(上掤)한다. 동시에 몸의 중심을 앞으로 옮기며, 약간 하침(下沈)한다.

이어 몸을 좌전(左轉)하며 자세를 약간 높이고, 오른발의 발바닥을 수평으로 잡아당기듯이 앞으로 이끌어 오른발을 오른쪽 상방으로 차올린다.

이와 동시에 두 손은 순전(順纏)하면서 좌우로 호(弧)를 그리며 분개(分開)하여 벌리며 아래로 내려치는데, 오른손은 위로 차올린 오른발등을 맞이하며 때린다.

손바닥은 모두 아래로 향하고, 눈은 오른쪽을 응시한다.(그림 3-227, 그림 3-228)

제33식 좌찰각(左擦脚)

동작1

앞의 식에 이어서, 오른발을 박각(拍脚)한 다음에 자연스럽게 오른발을 아래로 내리는데, 지면에 닿기 전에 오른무릎을 다시 위로 가볍게 들어올려서, 발끝이 바깥쪽으로 가도록 호(弧)를 그리며 돌린 다음, 오른 발꿈치의 바깥쪽으로 오른쪽 전방에 착지하여 발끝을 위로 세운다.

이와 동시에 두 손은 좌순우역전사(左順右逆纏絲)로 돌린다.

이어 몸을 오른쪽으로 약 90도 가량 돌리면서, 두 손을 순전(順纏)하여 가슴 앞에서 왼손이 위로 가고 오른손이 아래로 가도록 하여 모은다.

이때 왼손은 오른쪽으로 향하고, 오른손은 아래로 향하며, 손가락 끝은 모두 전상방으로 향한다.

눈은 전방을 응시한다.(그림 3-229)

동작2

이어 두 손을 역전(逆纏)하여 손바닥을 뒤집고 경을

(그림 3-229)

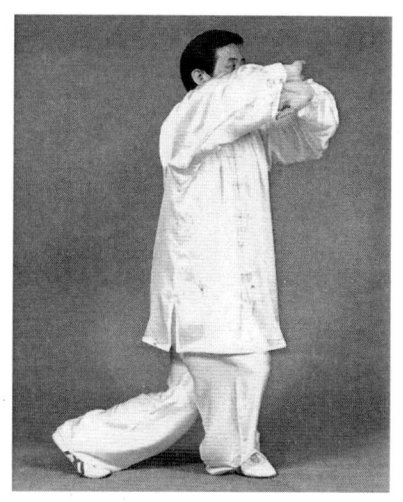

(그림 3-230)

모아 전상방으로 상붕(上掤)한다. 동시에 오른다리를 굴슬송과(屈膝鬆胯)하며 몸을 하침(下沈) 우전(右轉)하고, 중심을 오른발로 이동하여 체중을 싣는다.(그림 3-230)

몸을 계속 우전(右轉)하여 약 90도 가량 돌린 다음, 왼발을 들어올려 왼쪽 위쪽으로 차올리는데, 발바닥이 팽팽히 당겨져야 한다.

동시에 두 손은 순전(順纒)하면서 위쪽에서부터 좌우로 나누어 아래로 치는데, 왼손은 차올린 왼발등을 맞이하여 때린다. 이때 두 손바닥은 아래로 향한다.

눈은 왼쪽을 응시하고 귀는 몸 뒤의 동정을 듣는다.(그림 3-231)

≪요점≫

1. 이 식과 앞의 식인 우찰각(右擦脚)은 서로 비슷하므로, 함께 요점을 서술한다.

박각(拍脚)할 때에 두 팔이 완전히 하나의 선상에 있을 필요는 없으며, 두 팔이 호(弧)를 그리는 정도에 맞추면 된다.

(그림 3-231)

발을 차올릴 때는 측면의 약간 앞쪽 위치에서 위로 차올리는 것이 좋다.

2. 박각(拍脚)할 때에, 두 손이 동시에 아래로 흩을 쓰게 되는데, 이 때 두 팔의 힘이 대칭이 되도록 해야 하고, 어깨와 팔꿈치를 방송(放鬆)하여 손바닥에 경(勁)이 실리도록 함으로써 박각시에 탄성(彈性)이 풍부해지도록 해야 한다.

한 발로 설 때에 무릎을 곧게 펴거나 사타구니를 들어올려 몸이 위로 올라가서는 안되므로, 원래의 송과 굴슬(鬆胯屈膝) 상태에서 다시 약간 방송하침(放鬆下沈)해야 한다. 이렇게 해야만 중심이 안정되고, 신법

(身法) 중정(中正)하며, 손발이 상합(相合)하고, 박격(拍擊)에 힘이 실릴 수 있다.

제34식 전신좌등일근(轉身左蹬一跟)

동작1

앞의 식에서 박각(拍脚)한 후에 바로 이어, 왼발을 자연스럽게 내린 다음, 왼손을 순전(順纏)하여 안쪽으로 손목을 꺾어 돌려 다섯 손가락을 위로 향하게 하고, 오른손은 역전(逆纏)하며 팔을 구부리며 안으로 돌려 오른쪽 귀 옆에 세운다.

동시에 왼무릎으로 영경(領勁)하며 왼다리를 위로 들어올린다.

이때 우장심(右掌心)은 왼쪽 아래로 향하고, 좌장심(左掌心)은 위쪽으로 향한다.

눈은 왼쪽을 응시하고, 귀는 몸 뒤의 동정을 듣는다.(그림 3-232)

(그림 3-232)

동작2

이어 우과(右胯)를 방송하고, 오른발 뒤꿈치를 축으로 하여 발끝을 신속하게 안으로 당기며 착지를 단단히 하여 중심을 안정시킨 뒤, 몸을 하침(下沈)하며 왼쪽 후방으로 반 바퀴 정도 몸을 회전시킨다.

몸의 좌전(左轉)과 더불어 왼다리를 좌후방으로 돌린 다음, 방송(放鬆)하며 아래로 놓는다.

몸이 돌아서 제 위치에 이르는 것과 동시에, 두 손을 역전(逆纏)하여 가슴 앞으로 모은 뒤, 왼다리를 다시 위로 들어올리는 것과 동시에 두 팔을 좌우로 분개(分開)하여 올리며 주먹으로 바꾸어 쥔다.

(그림 3-233)

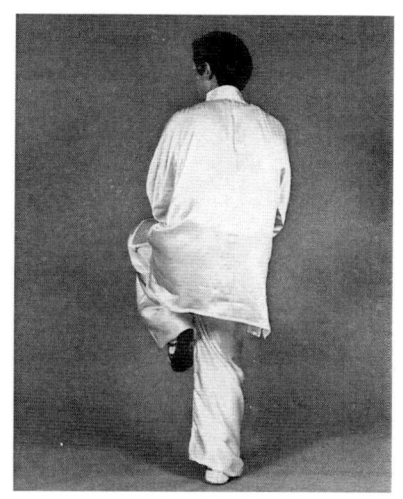
(그림 3-234)

(참고도 3-234-1)

눈은 오른쪽을 응시하고 귀는 몸 뒤의 동정을 듣는다.(그림 3-233)

동작3

이어 두 주먹을 순전(順纏)하며 다시 배 앞으로 모으는데, 이때 권심(拳心)이 왼주먹은 안쪽으로 오른주먹은 바깥쪽으로 향하도록 한다.

굴슬송과(屈膝鬆胯)하며, 몸을 나선하침(螺旋下沈)하고, 오른다리를 왼무릎으로 영경(領勁)하며 위로 들어올린다.

이와 동시에 두 주먹을 약간 역전(逆纏)하며 들어올렸다가 다시 순전하여 아래로 내리면서 주먹과 손목에 탄성(彈性)을 부여한다. 이어 왼발 끝을 약간 세우고 발뒤꿈치가 왼쪽을 향하게 하여 왼발을 뻗어 찬다.

이와 동시에 좌우의 두 주먹은 새끼손가락의 측면쪽으로 영경(領勁)하며 좌우로 나누어 발출(發出)한다. 이때 두 주먹의 권심(拳心)은 비스듬히 아래로 향한다.

눈은 왼쪽을 응시하고, 귀는 몸 뒤의 동정을 듣는다.(그림 3-234, 참고도 3-234-1, 그림 3-235)

《요점》

1. 이 식은 오른다리로만 서 있는 자세이기 때문에, 중심을 안정시키는 것이

신가일로 131

주요하다. 연습할 때에 두 손과 왼무릎의 조화를 세심하게 체득(體得)해야 한다.

〈동작1〉 중에서 두 손을 왼쪽으로 발경(發勁)할 때는, 왼무릎이 위쪽으로 영경(領勁)해야 하며, 신속하게 몸을 돌린 다음 두 손을 좌우로 벌릴 때는 왼무릎을 위로 들어 발을 뻗어 발경하기 전에 긴밀하게 축경(蓄勁)이 이루어져 있어야 한다.

이때 원활한 축경을 하려면 두 손을 아래로 탄두(彈抖)할 때 이에 보조를 맞추어 왼무릎을 위로 올려주며 탄성을 더해주는 것이 좋다.

이렇게 두 손과 왼무릎이 잘 조화를 이루어야만 비로소 신법(身法)이 중정온건(中正穩健)할 수 있다.

(그림 3-235)

2. 발을 뻗어 발경(發勁)할 때, 주먹과 발의 발경은 빠르고 힘이 있어야 하며, 탄성이 풍부해야 하고, 일단 발경을 했으면 즉시 거두어들여서 다시 발경할 때를 대비한다. 이렇게 하면 실전에서 다른 사람에게 잡히는 것을 피할 수 있다.

제35식 전당요보(前蹚拗步)

동작1

앞의 식에 이어, 왼다리를 자연스럽게 거두어들여 무릎으로 영경(領勁)하여 위로 들어올리며, 우과(右胯)를 방송하고 몸을 하침(下沈)한다.

동시에 앞의 식에서 발경을 끝낸 두 주먹을 자연스럽게 가슴 앞으로 거두어들여 장(掌)으로 바꾼 뒤, 좌순우역전사(左順右逆纏絲)로 오른쪽을 향하여 하호(下弧)를 그리며 리(擟)를 한다.

리(擟)가 오른쪽에서 완성되면 좌역우순전사(左逆

(그림 3-236)

右順纏絲)로 바꾸어 팔을 돌리면서 위로 뒤집고 왼쪽을 향하여 붕경(掤勁)하며, 두 손에 경을 모은다.(그림 3-236)

이어 몸을 하침하고 약 90도 가량 좌전(左轉)하며, 왼발의 발끝을 밖으로 돌려 벌리고, 발뒤꿈치로 착지하면서 왼쪽으로 향하여 나아간다.

동시에 왼손은 약간 왼쪽으로 하침하고, 오른손은 몸이 도는 것을 따라 순전(順纏)하면서 왼쪽으로 가서 오른손과 합하는데, 두 손이 가슴 앞에서 왼손이 아래로 가고 오른손이 위로 가도록 교차하여 모은다.

눈은 전방을 응시한다.(그림 3-237)

(그림 3-237)

동작2

이어 좌과(左胯)를 방송하고 왼무릎을 굽히며 중심을 오른쪽에서 왼쪽으로 이동한다. 이와 동시에 몸을 약 60도 가량 좌전(左轉) 하침(下沈)하며, 오른발을 들어 오른쪽으로 벌린다.

이어 두 손을 왼쪽으로 인경(引勁)하는 동시에 몸을 좌전하며 중심을 오른쪽으로 이동시킨다.

(그림 3-238)

(그림 3-239)

신가일로 133

이어 우과(右胯)를 방송하고 몸을 우전(右轉) 하침(下沈)하면서, 두 손을 역전(逆纏)하여 위로 뒤집어 좌우 양쪽으로 전개하여 벌린다. 두 손이 적당한 위치에 이르면, 두 손을 약간 순전(順纏) 하침하며 경을 모은다.

눈은 전방을 응시한다.(그림 3-238~그림 3-240)

≪요점≫

이 식은 앞의 식에서 발경(發勁)한 후에 두 주먹과 왼발을 신속하게 거두어들여야 하며, 왼무릎을 들어 올리면서 오른발은 동시에 약간 굴슬송과(屈膝鬆胯)하여 몸이 전체적으로 약간 하침(下沈)하도록 한다. 이렇게 해야만 신법중정(身法中正)하고, 중심온정(重心穩定)한 자세에서, 조용하고 차분하게 이 식(式)의 한 발로 서서 우리(右攦)하는 동작과 연결될 수 있다.

(그림 3-240)

제36식 격지추(擊地捶)

동작1

앞의 식에 이어서, 좌과(左胯)를 방송하고 몸을 약간 좌전(左轉)하며, 중심을 왼쪽으로 조금 이동함과 동시에 두 손을 좌역우순전사(左逆右順纏絲)하며 약간 아래로 돌리며 왼쪽으로 붕경(掤勁)을 더한다.(그림 3-241)

이어 우과(右胯)를 방송하고 몸을 우전(右轉)하며, 중심을 오른쪽으로 이동함과 동시에 두 손을 좌순우역전사(左順右逆纏絲)로 바꾸어 위로 호(弧)를 그려 돌리며 우리(右攦)하여 이끈다.(그림 3-242)

이어 중심을 다시 왼쪽으로 이동하며, 두 손을 좌역

(그림 3-241)

(그림 3-242)

(그림 3-243)

우순전사(左逆右順纏絲)로 호(弧)를 그리며 왼쪽으로 좌리(左攦) 한다.

이때 좌장심(左掌心)은 앞으로 향하고, 우장심(右掌心)은 위쪽으로 향하며, 손가락은 모두 오른쪽을 향한다.

정경령기(頂勁領起)하고 눈은 오른쪽을 응시한다.(그림 3-243)

동작2

(그림 3-244)

우과(右胯)를 방송하며 몸을 우전(右轉)함과 동시에 두 손의 손바닥을 뒤집어서, 몸의 우전하는 것을 따라 좌순우역전사(左順右逆纏絲)로 우리(右攦)하며 이끈다.(그림 3-244)

이어 중심을 오른쪽으로 옮긴 다음, 몸을 우전(右轉) 하침(下沈)함과 아울러, 왼다리를 들어 왼쪽 전방으로 큰 걸음으로 한 발 내딛는다.

눈은 왼쪽 전방을 응시한다.(그림 3-245, 그림 3-246)

동작3

이어 우과(右胯)를 방송하그 몸을 약간 우전(右轉)

신가일로 135

(그림 3-245)

(그림 3-246)

하면서 두 손을 약간 순전(順纏)하며 주먹으로 바꾸어 쥔다.(그림 3-247)

이어 좌과(左胯)를 방송하고 왼무릎을 약간 바깥쪽으로 벌리며, 중심을 오른쪽에서 왼쪽으로 이동한다. 이와 아울러 몸을 약간 좌전(左轉)하며 나선하침(螺旋下沈)하다가 왼다리의 대퇴부와 무릎을 수평이 되도록 몸을 낮춘다.

이와 동시에 왼주먹을 처음에는 약간 순전하며 아래로 향하다가, 다시 역전(逆纏)하면서 팔꿈치를 굽히며 좌상방으로 들어올린다.

(그림 3-247)

(그림 3-248)

(그림 3-249)

(참고도 3-249-1)

한편 오른주먹은 선순후역전(先順後逆纏)으로 오른쪽 귀 부근으로 들어올렸다가 전방의 아래쪽으로 향하여 내리꽂는다.

이때 좌권심(左拳心)은 아래로 향하고 우권심(右拳心)은 안쪽을 향한다.

눈은 전하방을 응시하고, 귀는 몸 뒤의 동정을 듣는다.(그림 3-248, 그림 3-249, 참고도 3-249-1)

≪요점≫

1. 이 식에서 권(拳)으로 아래쪽을 향하여 공격할 때에는 신법(身法)이 높을 수도 있고 낮을 수도 있다. 다만 오른주먹이 땅 속으로 깊숙하게 들어간다는 의념(意念)을 가지도록 한다.

2. 앞으로 숙이는 신법에서, 정경(頂勁)을 잃지 않도록 주의해야 하는데, 권론(拳論)에서 말한 "미려정중신관정(尾閭正中神貫頂)"과 같다.

신법의 미려정중(尾閭正中)은 이 식에서도 마찬가지이지만, 모든 척골(脊骨)을 절절관관(節節貫串)하여 탄성(彈性)을 풍부하게 하는 관건인 것이다.

3. 이 식은 "신선일파조(神仙一把抓)"나 "재추(栽捶)"라고도 부르는데, 태극오추(太極五捶)의 하나이다. 그 밖의 사추(四捶)는 엄수굉추(掩手肱捶), 별신

추(撇身捶), 주저추(肘底捶)와 지당추(指襠捶)이다.

제37식 이기각(二起脚)(척이기: 踢二起)

동작1

앞의 식에 이어서, 오른주먹을 순전(順纏)하면서 전하방으로 조금 송침(鬆沈)하며 작은 원을 그린 뒤, 이어 역전(逆纏)하여 오른팔꿈치를 오른쪽 뒤의 위쪽을 향하여 붕출(掤出)한다.

아울러 왼주먹은 역전으로 팔을 돌리며 하침(下沈)한다. 이와 동시에 중심을 왼발에서 오른발로 이동하고, 왼발 끝을 안쪽으로 당기며, 자세를 위로 들면서 우전(右轉)한다.(그림 3-250)

계속하여 왼발 끝을 더욱 안으로 당기고, 왼무릎을 굽히고 중심을 왼쪽으로 이동하며, 우과(右胯)를 방송하고 몸을 약 90도 가량 우전한다.

아울러 오른발로는 호(弧)를 그리며 왼발의 오른쪽 앞으로 거두어들여서, 발끝으로 땅에 살짝 댄다.

동시에 오른주먹은 순전하면서 밖으로 뒤집어 몸이 우전하는 것을 따라 몸의 오른쪽으로 거두어 내리고, 왼주먹은 순전하여 몸이 도는 것을 따라서 얼굴 앞의 좌상방으로 들어올린다.

이때 왼주먹의 권심(拳心)은 안쪽을 향하고, 오른주먹의 권심은 위쪽으로 향한다.

정경령기(頂勁領起)하고 눈은 전방을 응시한다.(그림 3-251)

동작2

이어 몸을 약간 우전(右轉)하며, 중심을 오른발의

(그림 3-250)

(그림 3-251)

(그림 3-252)

(그림 3-253)

앞쪽으로 이동한다. 이와 동시에 왼주먹은 앞쪽으로 약간 붕(掤)하고, 오른주먹은 뒤쪽으로 향하여 벌린다.

눈은 전방을 응시한다.(그림 3-252)

동작3

이어 중심을 완전히 오른발로 이동시킨 다음, 왼발을 들어 앞쪽으로 찬다. 이와 동시에 두 주먹을 장(掌)으로 바꾸어, 왼손은 왼쪽 아래로 호(弧)를 그리며 돌리고, 오른손은 오른쪽 위로 호(弧)를 그리며 돌린다.(그림 3-253)

(그림 3-254)

이어 왼발이 땅에 닿기 전에, 오른발을 땅을 박차고 도약하여, 전상방으로 향하여 발등을 당겨서 차올리고, 이와 아울러 오른손이 신속하게 오른발등을 맞이하여 아래로 박각(拍脚)한다.

왼손은 오른손이 발을 칠 때, 왼쪽 뒤의 위쪽을 향하여 걷어올리는데, 장심(掌心)이 아래로 향한다.

눈은 오른손을 응시한다.(그림 3-254)

≪요점≫

1. 〈동작1〉과 〈동작2〉는 이요위축(以腰爲軸)하고 신법중정(身法中正)하여 몸이 좌우로 기울어지거나, 앞으로 숙여지거나 뒤로 쳐드는 동작을 하지 않아야 바른 자세를 이룰 수 있다.

2. 이기박각(二起拍脚)은 빠르고 정확해야 하는데, 왼발이 땅에 닿기 전에 전신이 허공에 떠올라 있어야 한다.

발을 손으로 칠 때는 절대로 몸의 뒤쪽을 들어올려서는 안되며, 가슴과 무릎이 서로 모아져야 하고, 왼손이 뒤쪽에서 위로 걷어올리는 것과 오른손이 내려가는 힘이 동시에 합쳐져야 제대로 된 박각(拍脚)의 자세를 얻을 수 있다.

제38식 호심권(護心拳)(수두세: 獸頭勢)

동작1

앞의 식에 이어서, 박각(拍脚) 후에 왼발이 먼저 땅에 떨어지고, 오른발은 그것을 따라 왼발의 안쪽 조금 앞에 떨어지는데, 중심은 왼쪽에 치우쳐 있다.

두 손은 오른발이 땅에 떨어지는 것을 따라서 배 앞에서 하안(下按)한다. 두 장심(掌心)은 아래로 향하고, 손가락 끝은 모두 앞으로 향한다.

정경령기(頂勁領起)하고 눈은 전방을 응시하며, 귀는 몸 뒤의 동정을 듣는다.(그림 3-255)

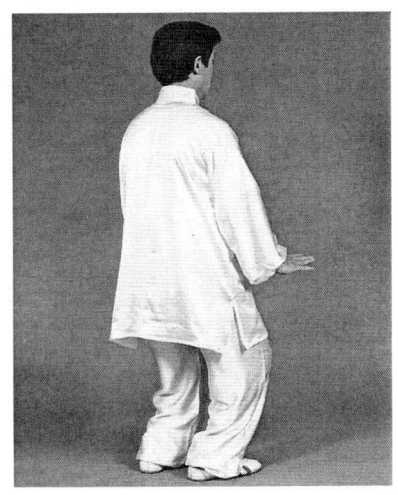
(그림 3-255)

동작2

이어 두 손을 좌역우순전사(左逆右順纏絲)하면서 좌하방으로 안출(按出)한다. 이와 동시에 중심을 오른쪽으로 이동하며, 몸을 좌전(左轉) 하침(下沈)한다.

이어 좌순우역전(左順右逆纏)으로 손바닥을 뒤집어

(그림 3-256)

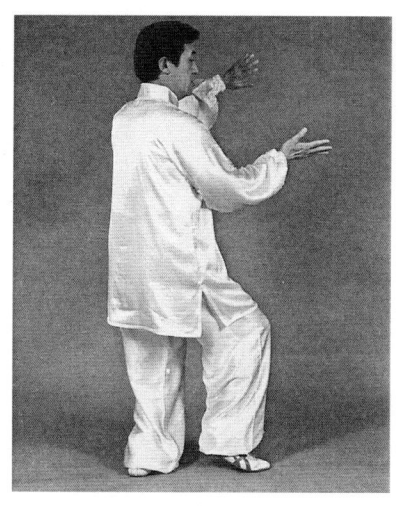

서 우상방으로 상리(上挒)한다. 동시에 왼발을 들어 좌후방으로 비껴서 한 발 개보(開步)하여 발꿈치 안쪽으로 착지하고, 발가락 끝을 위로 세운다.(그림 3-256)

이어 우과(右胯)를 방송하고 중심을 왼쪽으로 이동하며, 몸을 나선(螺線) 하침하면서 약간 좌전한다.

이어 오른발을 왼발의 안쪽으로 거두어 발끝으로 착지하고, 동시에 두 손은 좌역우순전사(左逆右順纏絲)하며 아래로 돌려 중심이 이동하는 것과 더불어 좌상방으로 붕리경(掤挒勁)을 가한다.

이때 왼손은 장심(掌心)이 밖을 향하고, 손가락 끝은 오른쪽을 향하며, 오른손은 장심이 위쪽으로 향하고 손가락 끝은 오른쪽 앞으로 향한다.

눈은 오른쪽 앞을 응시하고, 귀는 몸 뒤의 동정을 듣는다.(그림 3-257)

(그림 3-257)

동작3

이어 두 손을 역전(逆纏)하면서 주먹으로 바꾸어 쥐고, 몸을 약간 좌전(左轉)하면서 나선하침(螺旋下沈)하는 동작과 아울러, 두 발을 크게 벌리며 신속하게 도약하는데, 오른발이 약간 우전방으로 가도록 벌린다.

이와 동시에 두 주먹은 몸이 도는 것을 따라 좌역우순전사(左逆右順纏絲)로 몸의 왼쪽 바깥쪽을 향하여 발경하는데, 왼주먹은 좌후방의 위쪽으로 가고, 오른주먹은 좌전방의 위쪽으로 간다. 이때 권심(拳心)은 모두 왼쪽 뒤를 향하고, 권안(拳眼)은 왼주먹은 아래로 보고, 오른주먹은 위로 본다.

눈은 전방을 응시하고, 귀는 몸 뒤의 동정을 듣는다.(그림 3-258)

(그림 3-258)

신가일로 141

(그림 3-259)   (그림 3-260)

동작4

이어 우과(右胯)를 방송하고 몸을 우전(右轉)하면서 오른주먹은 몸의 회전과 더불어 호(弧)를 그리며 순전(順纏)하여 오른무릎의 위쪽으로 오고, 왼주먹은 몸의 회전과 더불어 순전하여 왼쪽 전상방의 머리 높이 정도로 들어올린다.(그림 3-259)

이어 좌과(左胯)를 방송하고 중심을 오른쪽으로 이동하며, 몸을 약간 좌전(左轉)한다. 이와 동시에 오른주먹을 권정(拳頂)으로 영경(領勁)하며 위쪽으로 향하여 천천히 주먹을 질러 올리고(上衝拳: 상충권), 왼주먹은 역전(逆纏)으로 팔을 돌려 복부의 좌전방으로 내린다.

두 주먹의 권심(拳心)은 모두 안쪽으로 향하고, 눈은 오른주먹과 아울러 먼 곳을 응시한다.(그림 3-260)

(그림 3-261)

동작5

이어 중심을 왼쪽으로 이동하며, 우과(右胯)를 방송하고 몸을 우전(右轉)한다. 이와 동시에 몸이 도는 것을 따라 오른주먹을 역전(逆纏)하면서 팔꿈치를 굽혀

우후방으로 이끌어 올리고, 아울러 왼주먹은 역전하여 전하방으로 온다.(그림 3-261)

(그림 3-262)

이어 중심을 오른쪽으로 이동하며 몸을 좌전(左轉)한다. 이와 동시에 오른팔이 송견침주(鬆肩沈肘)하며, 오른주먹을 순전(順纏)하여 팔을 돌리고 손목을 굽히며 전방을 향하여 붕출(掤出)한 다음 가슴 앞으로 오게 하고, 왼주먹은 약간 순전하면서 배 앞으로 거두어 들이는데, 높이는 오른팔꿈치의 끝과 수평이 된다.

이때 발경과 아울러 두 손의 경을 모으고, 왼주먹의 권안(拳眼)은 위쪽으로 향하고, 오른주먹의 권안은 오른쪽 위로 향하게 하며, 두 주먹의 권심(拳心)은 모두 안쪽으로 향한다.

정경령기(頂勁領起)하고, 눈은 전방을 응시하며, 귀는 몸 뒤의 동정을 듣는다.(그림 3-262)

《요점》

1. 〈동작3〉을 연습할 때에는 그 속도가 빨라야 하고, 두 주먹이 바깥쪽으로 발경하는 것과 오른발이 도약하며 진각(震脚)하는 동작이 동시에 이루어져야 한다.

이 동작이 잘 되려면 〈동작2〉의 과정에서 온몸에 축경(蓄勁)이 잘 이루어져 있어야 한다.

2. 〈동작4〉와 〈동작5〉는 발을 움직이지 않는 상황에서 송과전요(鬆胯轉腰)하고, 동시에 흉요절첩(胸腰折疊)하는 것인데, 두 손의 손목과 팔을 선전(旋轉)하며 안과 밖으로 경(勁)을 전사(纏絲)하는 연습을 중시해야 한다.

느린 속도로 수련하고, 기첩척배(氣貼脊背)하고, 절절관관(節節貫串)하며, 일동전동(一動全動)하여, 주신일가(周身一家)해야 한다.

제39식 선풍각(旋風脚)

동작1

앞의 식에 이어서, 두 주먹을 시계바늘 방향으로 돌려서 작은 원(小圈: 소권)을 그린 다음, 권(拳)을 장(掌)으로 바꾸어 우전방으로 붕경(掤勁)을 가하며 이끈다. 이와 동시에 양다리는 중심을 약간 왼쪽으로 이동했다가 다시 오른쪽으로 이동하며, 몸을 약간 우전(右轉)한다.(그림 3-263)

이어 좌과(左胯)를 방송(放鬆)하고 몸을 나선하침(螺旋下沈)하면서 좌전(左轉)하고, 왼발 끝을 밖으로 벌린 다음, 곧 바로 중심을 오른발에서 왼발로 이동시키고, 몸을 약간 하침(下沈)하며, 오른다리를 무릎을 굽혀서 들어올린다.

(그림 3-263)

이어 두 손을 아래로 돌려 손바닥을 뒤집으며 좌역우순전(左逆右順纏)하여 좌상방으로 호(弧)를 그리며 이끌어 올린다.

왼손은 밖으로 향하고, 오른손은 위쪽으로 향하며, 손가락 끝은 모두 오른쪽 전방을 향한다.

정경령기(頂勁領起)하고 눈은 오른쪽 전방을 응시한다.(그림 3-264)

동작2

이어 몸을 나선하침(螺旋下沈)하고, 오른발 끝을 밖으로 돌려 우전방으로 반보(半步) 내딛는데, 발뒤꿈치의 바깥쪽으로 착지한다.

동시에 두 손을 순전(順纏)하며 먼저 바깥으로 살짝 벌렸다가 다시 서로 모아, 왼손이 위로 가고 오른손이 아래로 가게 가슴 앞에 교차하여 모은다.(그림 3-265)

오른발 끝을 밖으로 벌리고, 중심을 오른쪽으로 이

(그림 3-264)

(그림 3-265)

(그림 3-266)

동하며, 오른다리의 무릎을 굽히고 아래로 쭈그린다. 왼발은 실(實)에서 허(虛)로 바뀌고, 왼다리는 무릎을 굽히고 아래로 꿇어앉으며, 왼발 끝으로 땅을 살짝 딛는다.

몸을 우전(右轉)하면서 나선하침하고, 동시에 두 손은 몸이 도는 것을 따라 역전(逆纏)하며 손바닥을 뒤집어서 밖으로 붕(掤)한다.

두 손바닥은 모두 밖을 향하고, 눈은 앞을 응시하며, 귀는 몸 뒤의 동정을 듣는다.(그림 3-266)

동작3

몸을 계속 우전(右轉)하며, 왼발을 신속하게 안쪽으로 돌려 찬다. 동시에 두 손을 좌우 양측으로 벌리며, 왼손의 손바닥으로 왼발의 안쪽을 맞이하여 친다.

눈은 왼손과 왼발을 응시하고, 귀는 몸 뒤의 동정을 듣는다.(그림 3-267)

≪요점≫

1. 이 식은 독립보(獨立步)로 서서 발을 쓸어 돌리며 차올리는 방법인데, 약간의 난도(難度)가 있는 동

(그림 3-267)

작이다. 선전(旋轉)하는 속도가 빨라야 하고, 신법중정(身法中正)해야 하며, 박각(拍脚)함에 힘이 있어야 하고, 중심을 지탱하는 다리가 침착온건(沈着穩健)해야 한다. 그러므로 이 식만을 따로 떼어서 연습하고 익혀야 한다.

2. 〈동작1〉의 전반부에서 소권(小圈)[90]을 만드는 것은 접경(接勁) 동작이다. 앞의 식에서 발경(發勁)한 다음에 끊어진 경을 다시 잇고, 동시에 이후 동작의 인경(引勁) 동작을 이끌어낸다. 그러므로 침착긴주(沈着緊湊)하고, 이신최동(以身催動)하며, 안법상수(眼法相隨)하고, 형신겸비(形神兼備)되어야 한다.

제40식 우등일근(右蹬一跟)

동작1

앞의 식에 이어서 몸의 관성(慣性)을 이용하여 오른쪽으로 180도 회전하고, 왼발을 오른발의 안쪽으로 떨어뜨려 발끝으로 착지한다.

동시에 두 손은 자연스럽게 안으로 거두어들여, 왼손이 아래로 가고 오른손이 위로 가도록 교차하여 배 앞에서 모은다. 두 손바닥은 아래로 향하고 손가락

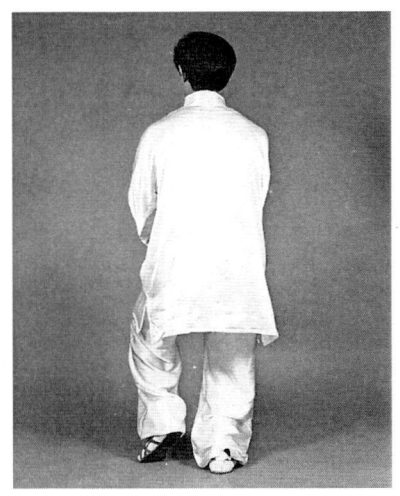

(그림 3-268)

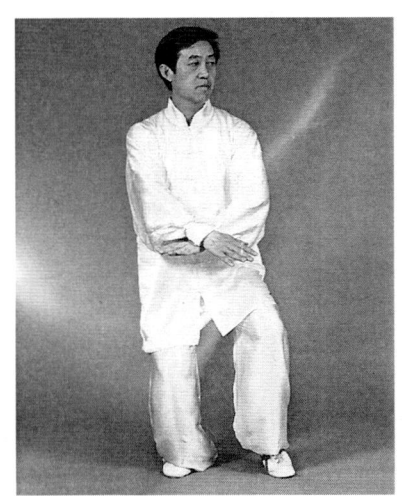

(참고도 3-268-1)

---

90) 작은 원(圓)의 모양으로 이루어지는 동작의 궤적.

(그림 3-269)

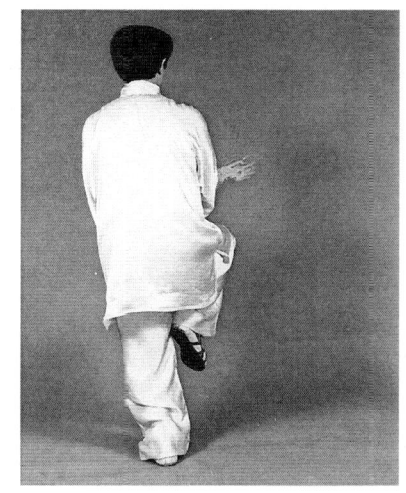
(그림 3-270)

끝은 비스듬하게 전방을 향한다.

눈은 왼쪽 전방을 응시하고 귀는 몸 뒤의 동정을 듣는다.(그림 3-268, 참고도 3-268-1)

동작2

몸을 약간 하침(下沈)하며, 왼발을 왼쪽으로 한 발 벌린다. 이와 동시에 두 손을 역전(逆纏)하여 위쪽으로 돌리며 다시 좌우로 쿤개(分開)한다.(그림 3-269)

이어 중심을 왼쪽으로 이동하고, 오른다리의 무릎을 굽혀서 들어올린다. 이와 동시에 두 손을 순전(順纏)하여 아래로 돌려 내려서 배 앞에서 교차하여 모은다.

눈은 우전방을 응시하며, 귀는 몸 뒤의 동정을 듣는다.(그림 3-270)

동작3

좌과(左胯)를 방송(放鬆)하고 몸을 하침(下沈)하며, 오른무릎을 들어올린다. 동시에 두 손을 하침하면서 주먹으로 바꾸어 쥔다.

이어 오른발을 오른쪽으로 향하여 등출(蹬出)[91]한다. 동시에 두 주먹을 빠른 속도로 좌우의 양측을 향해 뻗으며 발경한다.

신가일로 147

이때 두 주먹의 권심(拳心)은 아래로 향하고, 눈은 오른쪽으로 차올린 발을 향하며 귀는 몸 뒤의 동정을 듣는다.(그림 3-271)

≪요점≫
이 식은 가까운 거리에서 발로 찰 때, 빠른 속도로 다리를 벌려 발을 차올리는 연습방법이다. 실제로 응용할 때에 다리를 벌리는 거리는 원근에 따라 적당히 조정한다.

(그림 3-271)

제41식 엄수굉추(掩手肱捶)

동작1

앞의 식에서 오른발과 두 손을 발경한 후, 오른발을 자연스럽게 거두어들인 다음, 무릎을 굽혀 들어올리며 왼발 한 발로 선다.

아울러 왼주먹을 순전(順纏)하여 좌과(左胯) 옆으로 오고, 오른주먹은 순전하여 가랑이 앞쪽으로 온다.(그림 3-272)

이어 오른주먹을 역전(逆纏)하며 팔꿈치로 영경(領勁)하여 가슴 높이로 들어올린 다음, 다시 순전하면서 오른쪽 아래로 신속히 내리며 발경하는데, 권심(拳心)이 위쪽으로 향하게 하고 권배(拳背)로써 발경한다.

오른주먹의 발경과 아울러 왼주먹은 순전하면서 팔을 돌리고 팔꿈치를 굽혀서 위쪽으로 향하며 발경하는데, 권심이 안쪽을 향하고 하고 권정(拳頂)을 위로 하여 발경한다.

(그림 3-272)

---

91) 뻗거나 뻗어 참.

동시에 왼발을 축으로 하여 두 주먹이 발경하는 것을 따라 몸을 오른쪽으로 90도 회전시킨다.

정경령기(頂勁領起)하고 눈은 전방을 응시한다.(그림 3-273)

동작2

이어 왼주먹을 역전(逆纏)하여 위로 돌리며 장(掌)으로 바꾸고, 오른주먹도 역전하여 팔을 위쪽으로 돌려 두 손을 모으는데, 오른손이 아래에 있고, 왼손이 위에 있도록 하여 머리 앞에서 서로 만나게 한다.

이어 오른발을 진각(震脚)하여 굴리면서 떨어뜨리고, 그것을 따라 몸을 하침(下沈)한다.

바로 이어 왼발을 들어올려 왼쪽으로 한 발 개보(開步)한다.

이와 동시에 두 손은 몸이 하침하는 것을 따라 배 앞으로 떨어뜨리며 경(勁)을 모은다.

눈은 전방을 응시한다.(그림 3-274)

(그림 3-273)

(그림 3-274)

(그림 3-275)

동작3

중심을 왼쪽으로 이동하고, 몸을 좌전(左轉)하며, 오른주먹을 순전(順纏)으로 팔을 돌리면서 오른쪽으로 발경하고, 동시에 왼손은 왼쪽 늑골 쪽으로 거두어 들인다.

그런 다음에 몸을 우전(右轉)하며 두 손을 모았다가 다시 하침(下沈)하면서 바깥으로 벌리는데, 왼손은 앞으로 향하고, 오른주먹은 오른쪽 늑골 쪽으로 거두어 들이며, 중심을 왼발에서 오른발로 이동한다.(그림 3-275)

(그림 3-276)

동작4

좌과(左胯)를 방송(放鬆)하고, 몸을 좌전(左轉)하며, 중심을 오른발에서 왼발로 이동한다.

이어 오른주먹을 역전(逆纏)하면서 앞을 향해 발경한다. 아울러 왼손은 주먹을 가볍게 쥐고 뒤를 향해 주경(肘勁)을 발출(發出)한다.

눈은 전방을 응시한다.(그림 3-276)

≪요점≫

〈동작1〉은 앞의 식에서 발경(發勁)한 후에 두 손과 오른발을 거두어들이며 자연스럽게 발생하는 축경(蓄勁)을 이용하여 다음 동작에서 빠르게 몸을 돌리며 발경하도록 한다.

이 식에서는 주신방송(周身放鬆)하고, 입신중정(立身中正)하여, 신속한 동작으로 완정일기(完整一氣)해야 한다.

발경할 때는 숨을 내쉬면서 기합 소리를 내어 발출(發出)하는 힘을 보조할 수 있다.

제42식 소금타(小擒打)

동작1

앞의 식에 이어서, 오른다리를 굴슬송과(屈膝鬆胯)하며, 몸을 우전(右轉)하고, 중심을 약간 오른쪽으로 이동한다.

동시에 오른주먹의 손목을 위로 굽혀 들어올리면서 장(掌)으로 바꾼다. 이때 오른손을 호구(虎口)를 만들어 벌리고, 손바닥은 아래로 향하게 하여, 손목으로 경(勁)을 우상방으로 신속하게 끌어올린다.

아울러 왼손은 다섯 손가락을 약간 구부려 서로 모으고, 손바닥을 위쪽으로 향하게 하고, 손목으로 영경(領勁)하며 약간 역전(逆纏)하듯이 하여 오른손의 팔경에 맞추어 전하방으로 붕출(掤出)한다.(그림 3-277)

이어 오른손을 순전(順纏)하여 아래로 호(弧)를 그리면서 팔을 돌려 전방의 약간 위쪽으로 향하고, 동시에 왼손은 역전하면서 위쪽으로 돌렸다가 다시 아래로 내려와 오른팔 안쪽에 붙인다.

이와 동시에 좌과(左胯)를 방송(放鬆)하고 중심을 왼쪽으로 이동하며, 몸을 좌전(左轉)하는 것과 아울러 오른다리를 들어 전방으로 상코(上步)한다.

이때 발꿈치로 착지하고, 발끝을 바깥으로 벌린다. 왼손은 아래로 향하고 오른손은 위쪽으로 향한다.

눈은 전방을 응시한다.(그림 3-278)

(그림 3-277)

(그림 3-278)

동작2

이어 몸을 하침(下沈)하면서 우전(右轉)하고, 오른발 끝을 밖으로 벌려 착지한 뒤, 중심을 오른발로 이동하고, 왼다리의 무릎을 굽혀 들어올린다.

동시에 두 손의 합경(合勁)을 유지하며, 왼다리를 들어올리는 것과 아울러

신가일로 151

좌순우역전사(左順右逆纏絲)로 우상방을 향해 붕경(掤勁)을 끌어올린다.(그림 3-279)

이어 우과(右胯)를 방송하고, 몸을 우전(右轉) 하침(下沈)하며, 왼발을 좌전방으로 크게 한 발 벌린다.

동시에 오른손의 붕경(掤勁)을 유지하며, 왼발의 상보(上步)와 더불어 왼손을 전하방으로 향하여 안출(按出)한다. 이때 왼손은 아래로 향하고 오른손은 밖으로 향한다.

눈은 전방을 응시한다.(그림 3-280)

동작3

이어 좌과(左胯)를 방송(放鬆)하고, 몸을 약간 좌전(左轉)하며, 중심을 왼쪽으로 이동한다.

왼손은 몸의 이동에 따라 붕경(掤勁)을 더하며 위쪽으로 이끌어 어깨와 수평이 되도록 하고, 오른손은 순전(順纏)하여 아래로 호(弧)를 그리며 돌린 뒤 전방을 향해 나가 왼손과 합경(合勁)한다.(그림 3-281)

이어 우과(右胯)를 방송하고, 중심을 오른쪽으로 이동하며, 몸을 우전(右轉)하침(下沈)한다. 이와 동시에 두 손을 좌순우역전사(左順右逆纏絲)로 상호(上

(그림 3-279)

(그림 3-280)

(그림 3-281)

(그림 3-282)

(그림 3-283)

弧)를 그리며 오른쪽으로 우리(右攦)한다. 가슴 앞 정면까지 우리(右攦)하였을 때, 온몸을 방송하침(放鬆下沈)한다.(그림 3-282).

바로 이어 오른다리에 힘을 실어 뻗치며 몸을 좌전(左轉)하여 중심을 왼쪽으로 이동한다.

동시에 왼손을 역전(逆纏)하며 팔을 돌려 손바닥을 횡장(橫掌)으로 하고, 오른손은 아래로 내리며 손가락을 위로 세워, 두 손을 모아 몸의 좌전(左轉)과 함께 왼쪽으로 발경한다.

이때 손바닥은 모두 바깥으로 향하고, 정경령기(頂勁領起)하며, 눈은 왼쪽을 응시하고 귀는 몸 뒤의 동정을 듣는다.(그림 3-283)

≪요점≫

1. 이 식을 시작하는 처음 부분의 오른발과 왼발이 각기 상보(上步)하는 동작에서, 발을 내딛을 때는 동작이 자연스럽게 잘 연결되며, 가볍고 민활하게 하여야 한다. 아울러 손의 운용방법이 적절하게 이루어져 상하좌우가 서로 조화하면서, 신법이 일치되어야 한다.

2. 발경할 때에는 허리를 비틀고 가랑이를 모으며, 속도가 빨라야 할뿐만 아니라 탄성(彈性)도 풍부해야 한다.

제43식 포두추산(抱頭推山)

동작1

앞의 식에 이어서, 두 손을 주먹으로 바꾸어 쥐고, 중심을 약간 오른쪽으로 이동하며 몸을 약간 우전(右轉)한다.

몸이 도는 것을 따라 오른팔을 굽히며 오른주먹을 순전(順纏)하여 호(弧)를 그리며 우상방으로 이끈다. 아울러 왼주먹은 약간 순전하여 왼쪽 아래로 뻗어 오른주먹과 서로 나뉘면서 개경(開勁)을 펼쳐서 두 주먹이 서로 호응한다.(그림 3-284)

이어 몸을 좌전(左轉) 하침(下沈)하며 중심을 왼쪽으로 이동하고, 왼발 끝을 안으로 모으며, 몸이 도는 것을 따라 오른무릎을 안쪽으로 모은다.

(그림 3-284)

동시에 오른주먹을 몸의 좌전과 더불어 우상방에서 좌하방으로 역전사(逆纏絲)하고, 왼주먹은 아래로 역전사하여, 두 주먹이 왼무릎 위에서 교차하도록 하는데, 왼손이 위로 가고 오른손이 아래로 가도록 하고, 권심(拳心)이 모두 아래로 향하게 한다.

눈은 왼쪽 아래를 응시하고, 귀는 몸 뒤의 동정을 듣는다.(그림 3-285)

동작2

이어 몸을 우전(右轉)하면서 자세를 약간 일으키고, 오른발을 왼발의 안쪽으로 거두어들여서 발끝으로 착지한다.

몸이 우전하는 것과 아울러 두 주먹을 순전(順纏)하여 가슴 오른쪽으로 거두어 모으는데, 권심(拳心)이 위쪽으로 향했을 때 조금 하침(下沈)하여 다시 안으로 거두어들이며 탄성(彈性)을 증가시킨 뒤, 두 주먹을 장(掌)으로 펴면서 우상방으로 탄출(彈出)하였다가,

(그림 3-285)

(그림 3-286)

(그림 3-287)

즉시 거두어들인다.

눈은 오른쪽 전방을 응시한다.(그림 3-286, 그림 3-287)

동작3

이어 두 손을 아래로 나누어 벌리며 몸을 나선하침(螺旋下沈)하고, 좌과(左胯)를 방송(放鬆)하며 좌전(左轉)한다.

(그림 3-288)

(그림 3-289)

동시에 오른다리를 들어올려 우전방으로 크게 한 걸음 상보(上步)하여 발뒤꿈치 안쪽으로 착지하고, 발끝을 위로 세워 안으로 모은다.

이어 두 손을 위로 올리며 역전(逆纏)하여 손바닥을 뒤집어서 가슴 앞에 모은다.

눈은 오른쪽 전방의 아래를 응시한다.(그림 3-288, 그림 3-289)

동작4

이어 우과(右胯)를 방송하고, 오른무릎을 굽히며, 중심을 오른쪽으로 이동하면서 몸을 우전(右轉)하는 것과 동시에 두 손을 약간 순전(順纏)하면서 오른쪽을 향하여 안출(按出)한다.

이때 두 장심(掌心)은 오른쪽을 향하고, 손가락은 위쪽으로 향한다.

정경령기(頂勁領起)하고 눈은 오른쪽 및 먼 곳을 응시한다.(그림 3-290)

(그림 3-290)

≪요점≫

1. 앞의 두 개 동작은 권론(拳論)에서 이르는 바와 같이 욕좌선우(欲左先右), 욕합선개(欲合先開)[92]해야 하는데, 이렇게 하기 위해서는 이요최동(以腰催動)하고, 신법중정(身法中正)하며, 정경령기(頂勁領起)하고, 신기고탕(神氣鼓蕩)해야 한다.

2. 상보(上步)하며 두 손으로 추장(推掌)할 때는, 상보를 크게 하면서, 신법(身法)을 낮추어야 한다. 또한 두 손을 분개(分開)할 때는, 왼발이 먼저 오른쪽으로 향하여 작은 도보(跳步)를 한 뒤에 다시 오른발로 상보하여야 한다.

두 손의 추법(推法)은 발을 근간으로 하여 그 힘이 요척(腰脊)을 통하여 두 손에 이르러야 한다.

---

92) 왼쪽으로 움직이려면 먼저 오른쪽으로 움직이고, 모으려면 먼저 벌린다.

제44식 삼환장(三換掌)

동작

(그림 3-291)

앞의 식에 이어서, 우과(右胯)를 방송하고 몸을 약간 우전(右轉)하며, 중심을 조금 왼쪽으로 이동한다.

동시에 두 손을 순전(順纏)하여 손바닥이 위쪽으로 향하게 한 뒤, 왼손은 오른쪽 전상방으로 향하여 나선(螺線)식으로 인경(引勁)하며 돌리고, 오른손은 제자리에서 돌린다.(그림 3-291)

이어 중심을 오른쪽으로 이동하고, 몸을 좌전(左轉)하며, 오른손을 역전(逆纏)하면서 오른쪽 전방으로 안출(按出)하며 돌리고, 왼손은 다섯 손가락을 몸 쪽으로 구부려 세운다.(그림 3-292)

이어 빠른 속도로 몸을 우전하면서, 왼손을 역전으로 뒤집어 돌려 오른쪽 전상방으로 향하여 안장(按掌)으로 발경하며 나가고, 오른손은 순전으로 팔꿈치를 굽혀서 왼팔꿈치 아래로 신속하게 붙인다.

눈은 오른쪽 전방을 응시한다.(그림 3-293)

(그림 3-292)

(그림 3-293)

≪요점≫

이 자세는 발을 움직이지 않는 상황에서 요당(腰襠)의 전환과 두 다리의 전사(纏絲)와 선전(旋轉)이 두 손에까지 이르도록 해야 되는 것이다.

따라서 이요위축(以腰爲軸)하고, 상하상수(上下相隨)하며, 가슴과 허리가 움직여 일동전동(一動全動)해야 한다.

제45식 육봉사폐(六封四閉)

동작1

앞의 식에 바로 이어서, 몸을 약간 좌전(左轉)하면서 동시에 오른손은 역전사(逆纏絲)로 뒤집어 돌리며 우전방의 위쪽으로 향하여 손을 가로로 눕혀서 추출(推出)[93]하고, 왼손은 순전(順纏)으로 다섯 손가락을 약간 구부려 모으고 하침(下沈)한다.(그림 3-294)

중심을 왼쪽으로 이동하며 몸을 좌전하는데, 왼손은 조수(叼手) 모양으로 만들고 오른손은 상탁(上托)하는 자세로 하호(下弧)를 그리며 좌상방으로 리(挒)한다.

(그림 3-294)

(그림 3-295)

---

93) 장(掌)으로 밀어냄. 밀어내는 동작으로 행하는 공격.

(그림 3-296)

(그림 3-297)

눈은 오른쪽을 응시한다.(그림 3-295)

동작2

이어 중심을 오른쪽으로 옮기며 좌과(左胯)를 방송(放鬆)하고, 몸을 약간 좌전(左轉)하며, 두 손을 역전(逆纏)하여 손바닥을 뒤집어서 가슴 앞으로 모은다.(그림 3-296)

이어 우과(右胯)를 방송하며 중심을 오른쪽으로 이동하고, 몸을 우전(右轉) 하침(下沈)하며 왼발을 끌어당겨 발끝으로 착지한다.

이와 동시에 두 손을 우하방으로 안출(按出)한다.

눈은 오른쪽 아래를 응시한다.(그림 3-297)

≪요점≫

첫 번째의 육봉사폐(六封四閉)와 비교할 때, 이 식의 속도는 비교적 빠르다. 이 식과 앞의 식이 연결되는 부분의 동작의 목적은 금나(擒拿)에서 벗어나고 아울러 상대를 공격하는 수법을 연습하는 데 있다. 출수(出手)를 빠르게 하되, 원활하고 경쾌해야 한다.

(그림 3-298)

(그림 3-299)

제46식 단편(單鞭)

동작1

앞의 식에 이어서, 몸을 약간 우전(右轉)하며 두 손을 순전사(順纏絲)하는데, 왼손은 앞으로 내밀고, 오른손은 안으로 거두며 돌린다.(그림 3-298)

이어 몸을 약간 좌전(左轉)하며, 오른손을 역전사(逆纏絲)로 구수(勾手)를

(그림 3-300)

(그림 3-301)

만들어 우상방으로 붕출(掤出)하고, 왼손은 배 앞으로 송침(鬆沈)한다.
눈은 오른쪽을 응시한다.(그림 3-299)

동작2
왼다리를 들어 왼쪽으로 크게 한 걸음 개보(開步)하고, 눈은 왼쪽을 응시한다.(그림 3-300, 그림 3-301)

동작3
중심을 왼쪽으로 이동하며 왼손을 천장(穿掌) 상붕(上掤)하고, 이어 역전사(逆纏絲)로 바깥쪽으로 뒤집어 왼쪽으로 전개하여 붙린다. 천장할 때는 몸이 오른쪽으로 약간 나가다가 중심을 다시 왼쪽으로 거두어들인다.
눈은 전방을 응시한다.(그림 3-302, 그림 3-303)

제47식 전초(前招)

동작1
앞의 식에 이어서, 오른손의 구수(勾手)를 장(掌)으로 바꾸어 순전(順纏) 하

(그림 3-302)

(그림 3-303)

면서 아래로 호(弧)를 그리며 돌려 왼쪽으로 향한다.

아울러 왼손은 역전사(逆纏絲)로 돌려 오른손과 조화를 이루며 합경(合勁)할 수 있도록 왼쪽으로 리(搌)하며 이끈다.(그림 3-304)

두 손의 리경(搌勁)을 유지하면서, 좌과(左胯)를 방송(放鬆)하고 몸을 좌전(左轉)하며, 중심을 오른쪽으로 이동한다.

이어 우과(右胯)를 방송하고, 몸을 오른쪽으로 약 45도 돌리며, 왼발을 오른발의 좌전방으로 거두어서, 발끝으로 살짝 착지한다.

동시에 두 손을 좌순우역전(左順右逆纏)으로 바꾸어 하호(下弧)를 그리며 오른쪽으로 돌려 후상방으로 리(搌) 한다.

이때 왼손은 장심(掌心)이 오른쪽을 향하고, 손가락 끝은 전하방으로 향하며, 오른손은 장심(掌心)이 바깥으로 향하고, 손가락 끝은 좌상방으로 향한다.

눈은 전방을 응시한다.(그림 3-305)

(그림 3-304)

동작2

이어 몸을 나선하침(螺旋下沈)하며 약간 우전(右轉)하고, 왼발을 좌전방으로 크게 한 걸음 내딛는데, 발꿈치 안쪽으로 착지해서 미끄러져 나아가고, 발끝을 위로 세워 안으로 모은다.

이와 동시에 두 손을 우전방으로 향하여 붕경(掤勁)을 가하고, 눈은 왼쪽을 응시한다.(그림 3-306)

몸을 계속 우전하며, 왼손을 순전(順纏)하여 우하방으로 인경(引勁)하고, 오른손은 역전(逆纏) 하침(下沈)하였다가 좌상방의 왼어깨 쪽으로 인경하며 탄성(彈性)을 증가시킨다.

눈은 왼쪽 전방을 응시한다.(그림 3-307)

(그림 3-305)

(그림 3-306)

(그림 3-307)

동작3

왼발로 땅을 단단히 딛고, 중심을 왼쪽으로 이동하며, 오른발 뒤꿈치를 반보 정도 왼발 쪽으로 이끌며 두 발을 가볍게 도보(跳步)한 뒤 오른발을 왼발의 오른쪽 전방으로 거두어들이며, 발끝으로 살짝 착지한다.

동시에 왼손을 역전(逆纏)하여 팔을 돌려 좌상방으로 붕출(掤出)하고, 오른손은 아래로 내려 순전(順纏)하면서 왼쪽을 향하여 붕출한다.

이때 왼손은 장심(掌心)이 밖을 향하고, 손가락 끝은 오른쪽으로 향하며, 오른손은 장심이 좌전방으로 향하고, 손가락 끝은 오른쪽 전방을 향하게 한다.

눈은 왼쪽을 응시하고, 귀는 몸 뒤의 동정을 듣는다.(그림 3-308)

(그림 3-308)

제48식 후초(後招)

동작

앞의 식에 이어서, 몸을 먼저 약간 좌전(左轉)하며 틀었다가, 다시 우과(右胯)를 방송하며, 몸을 우전(右

轉)하침(下沈)하는데, 이와 아울러 왼손은 선역후순전(先逆後順纏)하여 하호(下弧)를 그리며 오른쪽으로 붕출(掤出)하고, 오른손은 선순후역전(先順後逆纏)하여 손을 뒤집어 오른쪽으로 붕출한다.

이때 두 손바닥은 모두 오른쪽을 향한다.

눈은 오른쪽을 응시한다.(그림 3-309)

≪요점≫

1. 전초(前招)와 후초(後招)는 비교적 작은 신법(身法)과 수법(手法)을 이용하여 요척(腰脊)의 활동폭을 크게 운용하는 초식이며, 나아가서 허리 부분을 좌우 양쪽으로 움직여 그 기능을 단련하고 강화시킬 수 있는 초식이다.

(그림 3-309)

2. 전초(前招)는 상인하진법(上引下進法)이다. 〈동작2〉에서는 진보(進步)로 하는 방법과 도보(跳步)로 하는 방법의 어느 것을 채용하여 연습하여도 좋다.

오른손의 손바닥을 출렁이며 진동함과 아울러, 오른발을 한 발 도약하여 좌전방으로 나아가고, 왼손은 오른쪽으로 이끌며, 왼발을 곧 왼쪽으로 나아가니, 도보(跳步)와 진각(震脚)이 몸과 손의 동작과 잘 조화되어야 한다.

3. 전초(前招)와 후초(後招)는 좌우 양측으로 열경(挒勁)을 발출(發出)하는 방법으로 연습하여도 좋다.

제49식 야마분종(野馬分鬃)

동작1

앞의 식에 이어서, 오른손의 손목을 절완(折腕)하며 상하로 탄성(彈性)을 부여하고, 왼손은 오른손에 맞추

(그림 3-310)

(그림 3-311)

(그림 3-312)

어 오른쪽으로 약간 밀고 당기며 축경(蓄勁)하면서, 우과(右胯)를 방송하고, 몸을 약간 하침(下沈)하며 우전(右轉)한다.(그림 3-310)

바로 이어 몸을 좌전(左轉)하며, 오른손을 순전사(順纏絲)하는데, 아래로 돌려 장심(掌心)이 위쪽으로 향하게 하며, 왼손은 역전사(逆纏絲)하여 좌상방으로 향하게 하여, 두 손이 리경(挒勁)을 이루도록 한다.(그림 3-311)

계속하여 두 손에 붕경(掤勁)을 더욱 가하며, 왼손은 왼쪽으로 이끌고, 오른손은 순전하면서 앞으로 내뻗는다.

동시에 몸을 나선하침(螺旋下沈)하면서, 오른다리의 무릎을 굽혀 들어올린다.

눈은 오른쪽을 응시한다.(그림 3-312)

동작2

몸을 하침(下沈)하고, 오른발을 전방에서 약간 오른쪽으로 치우치는 방향으로 한 발 크게 내디디며, 중심을 오른쪽으로 이동하고 몸을 약간 우전(右轉)한다.

동시에 오른손을 약간 순전(順纏)하면서 중심이 앞으로 이동하는 것을 따라 팔을 앞으로 뻗으며 떠받치듯이 밀어 올린다.

아울러 왼손은 역전(逆纏)하면서 뒤쪽 바깥방향으로 밀어붙이듯이 하는데,

어깨 정도의 높이를 유지한다.

이때 오른손은 위쪽으로 향하고, 왼손은 뒤쪽의 아래로 향한다.

눈은 오른손의 방향을 응시한다.(그림 3-313)

동작3

이어 우과(右胯)를 방송하며 몸을 우전(右轉)한다. 동시에 왼손은 순전(順纏)하여 오른쪽으로 하호(下弧)를 그리며 앞으로 나가고, 오른손은 약간 역전(逆纏)하면서 조금 하침(下沈)하여 두 손을 앞쪽으로 모은다.

(그림 3-313)

왼팔을 오른팔쪽으로 돌려 모은 뒤, 두 손을 좌역우순전(左逆右順纏)으로 상호(上弧)를 그리며 좌상방으로 돌리며 리(挒)하여 이끈다.

동시에 중심을 오른쪽으로부터 왼쪽으로 이동하며 몸을 나선하침(螺旋下沈)하고, 우과(右胯)를 방송 우전하며, 오른발 끝을 밖으로 벌려 놓는다.

이어 두 손을 약간 하침하면서 좌순우역전(左順右逆纏)으로 바꾸어 오른쪽으로 후리(後挒) 한다.

눈은 전방을 응시한다.(그림 3-314~그림 3-316)

동작4

이어 우과(右胯)를 방송하고, 몸을 하침(下沈)하면서 우전(右轉)하고, 이와 아울러 중심을 오른발로 이동하면서, 왼다리의 무릎을 굽혀 들어올리며 왼쪽 전방으로 크게 한 걸음 내딛는다. 이어 중심을 왼쪽으로 이동하고, 몸을 약간 좌전(左轉)하며, 동시에 왼손을 약간 순전(順纏)하고 중심이 앞으로 이동하는 것을 따라 팔을 앞으로 뻗으며 떠받치듯이 밀어 올린다.

아울러 오른손은 역전(逆纏)하면서 뒤쪽 바깥으로 밀어붙이듯이 하는데, 어깨 정도의 높이를 유지한다.

(그림 3-314)

(그림 3-315)

(그림 3-316)

이때 좌장심(右掌心)은 위로 향하고, 우장심(右掌心)은 뒤쪽의 아래로 향한다.

눈은 왼손의 방향을 응시한다.(그림 3-317, 그림 3-318)

동작5

이어 오른손을 순전(順纏)하여 왼쪽 앞에 있는 왼손 쪽으로 하호(下弧)를 그

(그림 3-317)

(그림 3-318)

신가일로 167

(그림 3-319)

(그림 3-320)

리며 모으고, 왼손은 역전(逆纏)하면서 약간 하침(下沈)하여, 두 손의 경(勁)을 모은다.(그림 3-319)

이어 중심을 오른쪽으로 이동하고, 몸을 약간 우전(右轉)하며, 동시에 두 손을 약간 하침하면서 손바닥을 뒤집어 돌려, 중심이 이동하는 것에 따라 두 손을 좌순우역전사(左順右逆纏絲)로 상호(上弧)를 그리며 우리(右攦) 한다.(그림 3-320)

(그림 3-321)

(그림 3-322)

다시 중심을 왼쪽으로 이동하며 몸을 좌전(左轉)하고, 두 손을 하침하면서 손바닥을 뒤집어 돌려, 좌역우순전사(左逆右順纏絲)로 하호를 그리며 몸이 도는 것을 따라서 왼쪽을 향하여 붕출(掤出)한다.

이때 왼손은 횡장(橫掌)이며, 손가락은 앞으로 향하며, 오른손은 손가락이 앞의 아래쪽을 향하고, 손바닥은 두 손 모두 왼쪽을 향한다.

눈은 왼쪽을 응시한다.(그림 3-321, 그림 3-322)

(그림 3-323)

동작6

이어 두 손을 좌순우역전사(左順右逆纏絲)로 하침(下沈)하여 오른쪽으로 호(弧)를 그리며 리(掤)하여 이끈다. 동시에 중심을 오른쪽으로 이동하며 몸을 약간 우전(右轉)한다.(그림 3-323)

두 손을 계속 우리(右掤)하여 오른쪽에 이른 다음, 왼손은 역전(逆纏)하며 절완(折腕)하고, 다섯 손가락을 약간 구부려서 위쪽으로 향하다가 다시 왼쪽으로 돌리며 손목으로 영경(領勁)하여 붕출(掤出)하고, 오른손은 순전(順纏)하여 위쪽을 향하다가 다시 역전사(逆纏絲)로 바꾸어 왼쪽을 향하여 횡장(橫掌)으로 추출(推出)한다.

이때 왼손은 아래에 있고, 오른손은 위에 있으며, 두 손의 경(勁)을 모은다. 동시에 왼발 끝은 밖으로 벌리고, 몸을 좌전(左轉)하며, 중심을 왼쪽으로 이동한다. 두 손은 눈과 수평이 되는 높이를 유지한다.

정경령기(頂勁領起)하고 시선은 두 손 사이에서 왼쪽으로 옮아간다.(그림 3-324, 그림 3-325)

≪요점≫

1. 야마분종(野馬分鬃)은 전초(前招) 후초(後招)와 비교되는 동작이다. 야마분종은 대신법(大身法)으로, 걸음이 크고, 자세가 낮으며, 개(開)와 합(合)을 크게 하고, 앞의 손이 순전(順纏)하면 뒤의 손은 역전(逆纏)하여 앞뒤가 대칭을 이루며 전개된다.

(그림 3-324)　　　　　　　　　　　　　　　　　(그림 3-325)

　손과 발을 마치 날뛰는 야생마의 갈기와 같은 모양으로 운용하는데, 좌우 양손으로 천장(穿掌)하여 바깥 방향으로 분개(分開)함으로써 상대의 경(勁)을 이끌어 헛되이 한다.

　2. 이 식은 신법(身法)을 바르면서도 편안하게 전개하여, 팔방(八方)을 지탱하면서 또한 팔방으로 공수를 전환하며, 두 손을 상하로 뒤집고, 순역전사(順逆纏絲)를 행하니, 그 경(勁)이 모두 발에서 일어나, 다리에서 발달하고, 허리가 이를 주재하여, 어깨와 팔을 지나 손에서 표현되도록 하는 기법이다.

　3. 허리와 다리를 단련시키기 위해서 이 식을 따로 떼어 연습하면, 신법(身法)을 강화하고, 발경(發勁)을 증가시켜 단련의 효과를 높일 수 있다.

제50식 대육봉사폐(大六封四閉)

동작1

　앞의 식에 이어서, 중심을 약간 오른쪽으로 이동하며 좌과(左胯)를 방송(放鬆)하고, 몸을 좌전(左轉)하며 왼발 끝을 밖으로 벌린다.

(그림 3-326)

(그림 3-327)

그런 다음에 중심을 완전히 왼발로 이동시키며 몸을 좌전하고, 오른다리의 무릎을 굽혀 들어올린다.

이와 동시에 두 손을 아래로 돌리며 몸을 회전함과 아울러 좌역우순전사(左逆右順纏絲)하며 좌상방으로 호(弧)를 그리며 리(攦)하여 이끈다.

오른발을 들었을 때 두 손 중에서 왼손은 조수(叼手)모양을 만들고 오른손은 위로 받쳐 올리는 모양을 만든다.

(그림 3-328)

(그림 3-329)

눈은 오른쪽을 응시한다.(그림 3-326, 그림 3-327)

동작2

이어 두 손을 역전(逆纏)하여 가슴 앞으로 모은다. 동시에 몸을 하침(下沈)하면서 약간 좌전(左轉)하고, 오른발을 오른쪽으로 한 걸음 내딛는다.(그림 3-328).

이어 우과(右胯)를 방송하고 중심을 오른쪽으로 이동하며 몸을 우전(右轉)하고, 왼발을 오른발 쪽으로 당겨서 거둔다.

동시에 두 손을 약간 순전(順纏)하면서 오른쪽 아래로 향하여 안출(按出)한다.

눈은 오른쪽 아래를 응시한다.(그림 3-329)

제51식 단편(單鞭)

동작에 대한 설명은 제5식의 단편(單鞭)과 동일하다.(그림 3-330~그림 3-335).

(그림 3-330)

(그림 3-331)

(그림 3-332)

(그림 3-333)

제52식 쌍진각(雙震脚)

동작1

앞의 식에 이어서, 오른손을 장(掌)으로 바꾸어 순전사(順纏絲)로 왼쪽을 향해 하호(下弧)를 그리고, 왼손은 순전사로 오른쪽을 향해 상호(上弧)를 그리며 두 손을 모은다.

(그림 3-334)

(그림 3-335)

(그림 3-336)

(그림 3-337)

두 손은 왼손이 위로 가고 오른손이 아래로 가게 하여 배 앞에서 교차한다.

이와 동시에 중심을 왼발로 이동하고, 오른발을 왼발의 안쪽으로 거두어서 발끝으로 착지한다.(그림 3-336)

이어 두 손의 경을 모으고, 오른팔을 위로 뒤집어 오른쪽으로 붕(掤)하여 돌리며, 몸을 오른쪽으로 90도 회전한다. 이때 왼발꿈치를 축으로 하여 발끝을 안으로 모으며 돌린다.

오른발 끝으로 착지하며 약간 오른쪽으로 이동한다.

이어 송견침주(鬆肩沈肘)하며 두 손바닥을 세운다.

눈은 전방을 응시한다.(그림 3-337)

동작2

몸을 나선하침(螺旋下沈)하며, 두 손을 역전사(逆纏絲)로 하안(下按)한다.(그림 3-338)

바로 이어 신속하게 두 손을 순전(順纏)하면서 위쪽으로 온몸을 일으켜 올리며, 동시에 오른발을 들어올리고, 곧 이어 왼발도 도약한다.(그림 3-339)

두 발은 왼발이 먼저 그리고 오른발이 나중에 땅에

(그림 3-338)

(그림 3-339)   (그림 3-340)

떨어지며 진각(震脚)하여 발을 구르는데, 왼발은 무겁고 오른발은 가볍다.

발의 진각(震脚)과 아울러 두 손은 역전사로 하안(下按)한다. 중심은 왼발에 있고, 두 손바닥은 아래로 향하며, 손가락 끝은 전방을 향한다.

눈은 전방을 응시한다.(그림 3-340)

≪요점≫

몸을 도약할 때 먼저 두 손이 위쪽으로 영경(領勁)하여 몸을 이끄는데, 이때 두 손은 두 손목이 먼저 위로 오르며 영경한다. 땅에 내려설 때에도 두 손목이 먼저 아래로 영경하여 이끄는데, 몸과 손이 조화를 이루어야 탄성(彈性)이 더 풍부해진다.

제53식 옥녀천사(玉女穿梭)

동작1

앞의 식에 이어서, 두 손을 순전사(順纏絲)로 상붕(上掤)하여 올리며, 아울러 오른다리의 무릎을 같이 굽혀 들어올린다.

이어 몸을 신속하게 좌전(左轉)하며, 오른다리를 안쪽으로 모았다가 바깥으로 내뻗어 찬다.

그와 동시에 오른손을 역전사(逆纏絲)로 우전방을 향해 추출(推出)하고, 왼손은 역전사로 왼쪽으로 향해 주경(肘勁)을 발출(發出)한다.

눈은 전방을 응시한다.(그림 3-341, 그림 3-342)

동작2

오른발을 앞으로 한 걸음 도약하여 나가고, 그것을 따라 앞쪽으로 중심을 이동하며, 오른발이 착지하는 것과 동시에 신속하게 탄력을 주어 다시 앞으로 몸을 날린다.

동시에 왼손을 역전(逆纏)하며 앞으로 밀고, 몸을 공중에서 오른쪽으로 180도 회전한다.

아울러 오른손은 몸의 회전을 따라서 오른쪽으로 벌린다.

왼발이 땅에 떨어지면, 오른발을 왼발의 뒤쪽에 삽보(挿步)로 거두어 발끝으로 착지한다.

이어 몸을 오른쪽으로 180도 회전하며 중심을 오른발로 이동하고, 왼발은 몸이 도는 것에 따라서 안으로 모인다.

몸의 회전과 아울러 오른손은 팔꿈치를 굽히며 오른쪽 위에서 손바닥을 오른쪽 전방으로 향하여 붕출(掤出)하고, 왼손은 몸의 왼쪽 아래에서 손바닥을 아

(그림 3-341)

(그림 3-342)

(그림 3-343)

(그림 3-344)

래로 하여 하안(下按)한다.

이때 왼손가락 끝은 앞으로 향하고, 오른손가락 끝은 왼쪽 전방을 향한다.

눈은 왼쪽을 응시하고, 귀는 몸 뒤의 동정을 듣는다.(그림 3-343~그림 3-345)

(그림 3-345)

≪요점≫

이 식은 평종보법(平縱步法)[94]으로, 몸이 도는 과정에서 연속하여 3보를 나아간다. 이 부분만 떼어내어서 별도로 연습할 필요가 있다.

이 식을 연습할 때는 신속하게 동작이 연결되어야 하며, 신법중정(身法中正)하고 정경령기(頂勁領起)하며, 몸보다 눈이 먼저 움직여야 하고, 절대로 머리를 숙여서는 안 된다.

---

94) 몸을 훌쩍 날리거나 솟구치며 나아가는 보법(步法).

(그림 3-346)

(그림 3-347)

제54식 나찰의(懶扎衣)

동작1

앞의 식에 이어서, 중심을 왼쪽으로 이동하며 몸을 약간 좌전(左轉)하고, 오른발을 오른쪽으로 개보(開步)한다.

동시에 두 손을 순전(順纏)하여 호(弧)를 그리며 왼손이 위로 가고 오른손이 아래로 가게 하여 가슴 앞에 교차시켜 모아 두 손을 합경(合勁)한다.

눈은 오른쪽을 응시한다.(그림 3-346)

동작2

이어 몸을 약간 좌전(左轉)하며 중심을 오른쪽으로 이동하는데, 오른손을 순전(順纏)하면서 왼쪽으로 인경(引勁)한다.(그림 3-347)

이어 몸을 우전(右轉)하며, 오른손을 역전(逆纏)하여 위로 뒤집어 오른쪽으로 전개하고, 왼손은 순전하면서 배 앞으로 내린다.

눈은 전방을 응시하고, 아울러 오른쪽도 살핀다.(그

(그림 3-348)

(그림 3-349)

(그림 3-350)

림 3-348)

제55식 육봉사폐(六封四閉)

동작1

(그림 3-351)

앞의 식에 이어서, 두 손의 손목을 절완(折腕)하여 작은 원(小圈: 소권)을 그리며 소전사(小纏絲)한 다음, 좌과(左胯)를 방송(放鬆)하며 몸을 좌전(左轉)하고, 중심을 왼쪽으로 이동한다.

동시에 두 손을 좌역우순전사(左逆右順纏絲)하며 배 앞으로 서로 모은다.

눈은 오른쪽을 응시한다.(그림 3-349, 그림 3-350)

동작2

중심을 오른쪽으로 이동하며, 몸을 약간 우전(右轉)하고, 두 손의 경(勁)을 모아 우상방으로 향하여 제출(擠出)한다.(그림 3-351)

신가일로 179

이어 중심을 왼쪽으로 이동하며, 두 손을 아래로 돌려 호(弧)를 그리며 좌상방으로 리경(掘勁)을 이끄는데, 왼손은 조수(叼手)로 바꾸어 좌상방으로 상붕(上掤)하고, 오른손은 상탁(上托)하는 자세이다.
눈은 오른쪽을 응시한다.(그림 3-352)

동작3

좌과(左胯)를 방송(放鬆)하며 몸을 약간 좌전(左轉)하고, 중심을 오른쪽으로 이동하며, 두 손을 역전(逆纏)하면서 팔을 돌려 가슴 앞에 모은다.(그림 3-353)

이어 두 손을 합경(合勁)하여 우하방으로 안출(按出)하고, 동시에 왼발을 들어 오른발 옆으로 거두어 발끝으로 착지한다.
눈은 오른쪽 아래를 응시한다.(그림 3-354)

(그림 3-352)

(그림 3-353)

(그림 3-354)

(그림 3-355)

(그림 3-355)

제56식 단편(單鞭)

동작에 대한 설명은 제5식 단편(單鞭)과 동일하다.(그림 3-355~그림 3-360)

(그림 3-357)

(그림 3-358)

(그림 3-359)

(그림 3-360)

제57식 운수(雲手)

동작1

앞의 식에 이어서, 오른주먹을 장(掌)으로 바꾸어 순전(順纏)하여 아래로 돌리며, 중심을 오른쪽으로 이동한다.

이어 두 손을 좌순우역전사(左順右逆纏絲)로 돌리면서, 우상방으로 붕출(掤出)한다.(그림 3-361)

동작2

이어 중심을 왼쪽으로 이동하고 오른발을 왼쪽으로 삽보(揷步)하여 나가면서, 동시에 왼손을 먼저 오른쪽으로 순전(順纏)했다가 다시 역전(逆纏)하며 손바닥을 뒤집어 상호(上弧)를 그리며 왼쪽으로 붕출(掤出)하고, 오른손은 순전하여 하호(下弧)를 그리며 왼쪽으로 붕출한다.(그림 3-362)

이어 중심을 오른쪽으로 이동하고 왼발을 왼쪽으로 개보(開步)하여 나가면서, 동시에 오른손을 역전하여 위로 뒤집어 상호를 그리며 오른쪽으로 붕출하고, 왼

(그림 3-361)

(그림 3-362)

(그림 3-363)

손은 순전하여 하호를 그리며 오른쪽으로 붕출한다.(그림 3-363)

동작3

이어 중심을 왼쪽으로 이동하고 오른발을 왼쪽으로 삽보(挿步)하여 나가면서, 동시에 왼손을 뒤집어 상호(上弧)를 그리며 왼쪽으로 붕출(掤出)하고, 오른손을 하침(下沈)하여 하호(下弧)를 그리며 왼쪽으로 붕출한다.(그림 3-364)

(그림 3-364)

(그림 3-365)

이어 중심을 오른쪽으로 이동하며, 몸을 우전(右轉)하고, 왼발을 왼쪽으로 개보(開步)하여 나가는데, 이와 동시에 오른손을 역전(逆纏)하여 우상방으로 뒤집고, 왼손은 순전(順纏)하여 아래로 돌리며 두 손의 경(勁)을 모은다.

눈은 왼쪽을 응시한다.(그림 3-365)

(그림 3-366)

제58식 쌍파각(雙擺脚)

동작1

앞의 식에 이어서, 좌과(左胯)를 방송(放鬆)하고 약간 좌전(左轉)하며, 중심을 왼쪽으로 이동한다.

중심 이동과 동시에 왼손은 역전(逆纏)하면서 상붕(上掤)하고, 오른손은 순전(順纏)하면서 하침(下沈)하여 전붕(前掤)한다.(그림 3-366)

이어 몸을 약간 우전(右轉)하며, 중심을 오른쪽으로 이동하는 동작과 아울러 두 손을 약간 하침하면서 손바닥을 뒤집어서, 좌순우역전사(左順右逆纏絲)로 우상방으로 향해 리경(攦勁)을 이끈다.

이때 왼손은 위쪽을 향하고, 오른손은 바깥으로 향하는데, 두 손의 손가락은 모두 앞쪽을 향한다.

눈은 전방을 응시한다.(그림 3-367)

(그림 3-367)

동작2

두 손을 계속 후리(後攦)하며, 몸을 약간 우전(右轉)하고, 중심을 왼쪽으로 이동한다. 두 손은 몸이 우전하면서 좌역우순전사(左逆右順纏絲)로 바뀌어 하침(下沈)하면서 경(勁)을 모은다.(그림 3-368)

이어 중심을 모두 왼발로 이동한 다음, 몸을 약간 우전하면서 오른발을 들어올려 좌상방에서 우후방으로 호(弧)를 그리며 파각(擺脚)한다.

(그림 3-368)　　　　　　　　　　　　　　　　(그림 3-369)

동시에 두 손은 몸의 오른쪽으로부터 좌역우순전사(左逆右順纏絲)로 왼쪽을 향하며 오른발을 맞이하여 발등을 치는데, 왼손이 먼저 치고 오른손이 나중에 쳐서 소리를 낸다.

눈은 오른발을 응시한다.(그림 3-369)

≪요점≫

박각(拍脚)하기 전에 중심의 전환은 모두 두 손에 리경(攦勁)을 잃지 않은 상태에서 이루어져야 한다.

박각할 때는 반드시 두 손으로 맞이하여 쳐야 하며, 정경령기(頂勁領起)하고 신법중정(身法中正)하며, 허리부분 아래는 방송하침(放鬆下沈)하고, 중심이 안정된 상태에서 상체가 자연스럽고 가볍게 움직이도록 해야 한다.

제59식 질차(跌岔)

동작1

앞의 식에서 박각(拍脚) 후, 밖으로 돌리며 벌린 오른다리를 왼발의 안쪽 후방으로 거두어들이며 진각(震脚)으로 발을 굴러 착지한다.

이어 중심을 오른발로 이동하며, 몸을 나선하침(螺旋下沈)하는 것과 동시에 두 손을 주먹으로 바꾸어 쥐는데, 왼주먹의 권심(拳心)은 아래로 향하고, 오른주먹의 권심은 위로 향하게 하여, 왼주먹이 오른주먹의 위로 가도록 하면서 가슴 앞에 교차하여 모은다.
눈은 전방을 응시한다.(그림 3-370)

동작2

몸을 우전(右轉)하며 하침(下沈)하고, 왼다리를 들어 발뒤꿈치의 안쪽으로 착지하며, 좌전방으로 땅을 깎듯이 미끄러지며 나간다.

(그림 3-370)

오른다리는 굴슬(屈膝), 부보(仆步), 하준(下蹲)의 자세로 낮추어 앉는데, 가랑이 부분이 네 손가락이 들어갈 정도로 땅에서 띄운다. 왼쪽 다리의 종아리 부분은 땅에 닿으며, 발끝은 자연스럽게 위로 향한다.

동시에 두 주먹은 몸을 하준(下蹲)하는 것에 따라 좌순우역(左順右逆)하면서 벌리는데, 오른주먹은 몸의 오른쪽 위로 들어올려 정수리보다 높게 하고, 왼주먹은 팔을 돌리며 하침하여 종아리 위쪽으로 온다. 두 주먹의 권심(拳心)은 서로 마주본다.

정경령기(頂勁領起)하며, 눈은 전상방을 응시하고, 귀는 몸 뒤의 동정을 듣는다.(그림 3-371)

(그림 3-371)

≪요점≫

진각(震脚)할 때 온몸을 방송하침(放鬆下沈)하며, 경(勁)이 흐트러지지 않도록 한다. 자세를 아래로 낮춘 이후에도 신법중정(身法中正)하며, 정경상령(頂勁上領)하고 절대로 머리를 숙여 굽어보아서는 안 된다.

제60식 금계독립(金鷄獨立)

(그림 3-372)

동작1

앞의 식에 이어서, 몸을 먼저 우전(右轉)하여 틀었다가 다시 좌전(左轉)하며, 오른발로 체중을 지탱하고 가랑이와 허리를 비틀어, 아래로 호(弧)를 그리면서 중심을 왼발로 이동한다.

중심 이동과 동시에 왼주먹을 순전하면서 상충(上衝)하고, 오른주먹은 순전(順纏)으로 하침(下沈)하여, 몸의 오른쪽으로 온다.

왼주먹의 권심(拳心)은 안쪽을 향하고, 권정(拳頂)은 위쪽으로 향하며, 오른주먹의 권심은 위쪽으로 향하고 권정은 앞으로 향한다.

눈은 왼주먹과 아울러 먼 곳을 응시한다.(그림 3-372)

(그림 3-373)

동작2

이어 좌과(左胯)를 방송(放鬆)하며 왼발 끝을 자연스럽게 밖으로 틀고, 몸을 왼쪽으로 약 90도 돌린다.

중심을 왼발로 제어하며, 오른발을 들어 왼발의 우전방으로 상보(上步)하여 발끝으로 살짝 착지한다.

이와 동시에 왼주먹은 거두어들이고, 오른주먹은 오른발의 상보에 따라서 앞으로 밀어 올리며 왼주먹의 안쪽으로 상충(上衝)하는데, 왼주먹이 아래에 있고 오른주먹은 위로 가게 교차하면서 서로 모은다.

두 주먹의 권심(拳心)은 안쪽을 향하고, 눈은 전방을 응시한다.(그림 3-373)

동작3

이어 왼다리를 굴슬송과(屈膝鬆胯)하여 중심을 안정시키는 것과 아울러, 오른다리의 무릎을 굽혀 올려 왼발로만 서서 좌독립보(左獨立步)를 이룬다.

신가일로 187

이와 동시에 몸을 약간 하침(下沈)하며 두 주먹을 역전(逆纏)하여 상하 대칭으로 가르며 주먹을 장(掌)으로 바꾼다.

이때 왼다리의 무릎을 약간 꼿꼿이 세우며, 자세를 나선(螺線)식으로 올려 높이고, 동시에 오른손을 위로 나선식으로 돌리며 정수리보다 높은 자리까지 상탁(上托)한다.

아울러 왼손은 아래로 역전하여 하안(下按)하다가 몸의 왼쪽에 이른다.(그림 3-374)

이어 오른발을 진각(震脚)으로 착지하며 소리를 내고, 이와 동시에 오른주먹을 약간 순전(順纏)하면서 하안하는데, 중심을 왼발에 둔다.

이때 두 손바닥은 아래로 향하고, 손가락 끝은 앞으로 향한다.

정경령기(頂勁領起)하고 눈은 전방을 응시하며 귀는 몸 뒤의 동정을 듣는다.(그림 3-375)

동작4

이어 좌과(左胯)를 방송(放鬆)하고 몸을 약간 좌전(左轉)하며, 오른발을 들어 오른쪽으로 한 발 개보(開步)하여 발꿈치 안쪽으로 착지한다.

이와 동시에 두 손을 좌역우순전사(左逆右順纏絲)로 전하방에서 상호(上弧)를 그리며 좌상방으로 리경(掤勁)을 이끈다.

(그림 3-374)

(그림 3-375)

두 손을 끝까지 상리(上攦)한 다음 다시 하침(下沈)하며, 몸을 먼저 좌전하며 중심을 오른쪽으로 이동한다.

그런 다음에 오른다리를 굴슬송과(屈膝鬆胯)하며, 몸을 다시 우전(右轉)하고, 이와 동시에 왼다리를 오른다리 안쪽 약간 앞으로 거두어들여서 발끝으로 살짝 착지한다.

동시에 왼손을 순전(順纏)하면서 몸의 회전에 따라 오른쪽으로 호를 그리며 몸의 앞으로 와서 위로 받쳐드는데, 어깨와 수평이 되도록 한다.

오른손은 왼손과 같이 오른쪽으로 역전(逆纏)하면서 하안(下按)하다가 몸의 오른쪽으로 온다.

정경령기(頂勁領起)하고 눈은 전방을 응시한다.(그림 3-376, 그림 3-377)

동작5

오른다리를 굴슬송과(屈膝鬆胯)하고, 몸을 방송하침(放鬆下沈)하면서 왼손을 역전(逆纏)하며 돌리고, 이와 아울러 오른무릎을 약간 치켜세우며, 몸을 위로 나선식으로 치켜올린다.

이어 왼무릎을 굽혀 들어올림과 동시에 왼손을 역전하면서 위로 상탁(上托)하는데 정수리보다 높게 한다.

아울러 오른손은 하안(下按)의 기세를 유지한다. 왼손은 전상방을 향하그,

(그림 3-376)

(그림 3-377)

오른손은 아래로 향한다.

정경령기(頂勁領起)하고 눈은 전방을 응시하며, 귀는 몸 뒤의 동정을 듣는다.(그림 3-378)

≪요점≫

1. 몸을 쭈그려 낮춘 자세에서 일으켜 세우는데 있어서 중요한 관건은 몸을 우전(右轉) 하침(下沈)하고, 오른주먹을 순전(順纏) 하침(下沈)하면서, 경(勁)이 어깨와 팔을 지나 왼주먹으로 도달하고, 왼주먹에서부터 몸을 이끌어 올리는 것이다.

(그림 3-378)

2. 이 식은 독립퇴(獨立腿)의 고신법(高身法)으로, 신법(身法)의 중정(中正)과 불편(不偏), 그리고 중심(重心)의 평형(平衡)과 온건(穩健)을 이루어야 한다.

이렇게 할 수 있는 관건은 다리를 들어올릴 때 무릎을 위로 올리며 영경(領勁)하고, 발끝을 자연스럽게 아래로 늘어뜨리며, 손은 위쪽으로 영경하는 데에 있다.

또한 독립퇴(獨立腿)로 서게 되는 쪽의 몸을 방송하침(放鬆下沈)하고, 굴슬송과(屈膝鬆胯)하고, 오지조지(五趾抓地)[95]하고, 각심요허(脚心要虛)[96]하고, 수향하안(手向下按)[97]하여 몸의 양측과 상하가 서로 대응하여 자세가 이루어지도록 한다.

제61식 도권굉(倒卷肱)

동작1

앞의 식에 이어서, 왼발을 자연스럽게 땅에 내린다.

---

95) 다섯 발가락으로 땅을 움켜쥐다.
96) 각심(脚心), 즉 용천혈(湧泉穴)을 허(虛)하게 함.
97) 손을 아래로 하안(下按)함.

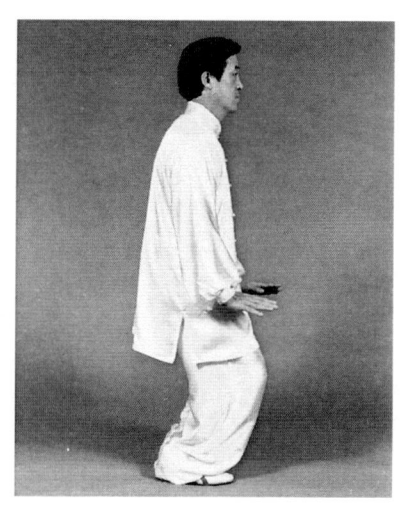

(그림 3-379)

(그림 3-380)

왼손은 그것을 따라서 하안(下按)하고, 양 다리를 굴슬송과(屈膝鬆胯)하며, 몸을 하침(下沈)한다.(그림 3-379)

우과(右胯)를 방송하고, 몸을 약간 우전(右轉) 하침하며, 왼발을 들어올린다. 동시에 오른손을 선순후역전사(先順後逆纏絲)로 오른쪽 귀 옆으로 모으고, 왼손은 순전(順纏)하여 앞으로 뻗어낸다.

이어 왼발을 좌후방으로 향하여 호(弧)를 그리며 도보(倒步)하고, 동시에 오른손을 역전(逆纏) 전추(前推)하고, 왼손은 역전(逆纏) 후리(後挒) 한다.

눈은 전방을 응시하고, 귀는 몸 뒤의 동정을 듣는다.(그림 3-380)

이하의 동작은 제21식의 도권굉(倒卷肱) 동작 중에서 〈동작3〉과 〈동작4〉를 이어서 한다.

제62식 퇴보압주(退步壓肘)

동작의 설명과 요점은 제22식 퇴보압주(退步壓肘)와 동일하다.

제63식 중반(中盤)

동작의 설명과 요점은 제23식 중반(中盤)과 동일하다.

제64식 백학량시(白鶴亮翅)

동작의 설명과 요점은 제24식 백학량시(白鶴亮翅)와 동일하다.

제65식 사행요보(斜行拗步)

동작의 설명과 요점은 제25식 사행요보(斜行拗步)와 동일하다.

제66식 섬통배(閃通背)

동작의 설명과 요점은 제26식 섬통배(閃通背)와 동일하다.

제67식 엄수굉추(掩手肱捶)

동작의 설명과 요점은 제27식 엄수굉추(掩手肱捶)와 동일하다.

제68식 대육봉사폐(大六封四閉)

동작의 설명과 요점은 제28식 대육봉사폐(大六封四閉)와 동일하다.

제69식 단편(單鞭)

동작의 설명과 요점은 제29식 단편(單鞭)과 동일하다.

제70식 운수(雲手)

동작의 설명과 요점은 제30식 운수(雲手)와 동일하다.

제71식 고탐마(高探馬)

동작의 설명과 요점은 제31식 고탐마(高探馬)와 동일하다.

제72식 십자단파각(十字單擺脚)

(그림 3-381)

동작1

고탐마(高探馬)의 자세(그림 3-220)에 이어서, 우과(右胯)를 방송하고, 몸을 신속하게 우전(右轉) 하침(下沈)하는데, 이와 동시에 두 손은 다섯 손가락을 약간 구부리고 절완(折腕)하여 손목으로 영경(領勁)한다.

몸이 도는 것을 따라 왼손은 오른쪽 전하방으로 하붕(下掤)하고, 오른손은 왼쪽 후상방으로 상붕(上掤)하는데, 두 손이 포구(抱球)[98]의 모양을 이루게 된다.

눈은 오른쪽을 응시한다.(그림 3-381)

---

98) 두 손으로 공을 안는 자세.

(그림 3-382)

(그림 3-383)

동작2

이어 몸을 좌전(左轉)하며, 두 손을 포구(抱球) 자세로 시계 방향으로 돌리는데, 이때 오른손은 순전(順纏)하여 오른쪽으로 조금 가다가 아래로 돌린 뒤 다시 위쪽으로 오른손을 상탁(上托)하고, 왼손은 오른손에 대응하여 역전(逆纏)하면서 왼쪽에서 위쪽으로 돌려 자연스럽게 아래쪽에 있는 오른팔의 안쪽으로 붙인다.(그림 3-382)

이어 우과(右胯)를 방송하고 몸을 우전(右轉)하며, 왼무릎을 안쪽으로 모으고, 왼발뒤꿈치를 밖으로 벌린다.

몸을 약간 하침(下沈)하고 체중을 뒤로 실으며, 중심을 왼발로 이동한다.

이어 오른무릎을 밖으로 벌리고, 오른발을 발뒤꿈치를 축으로 하여 발끝을 밖으로 벌려서, 몸을 오른쪽으로 90도 회전한다.

이와 동시에 오른손은 아래로 돌리며 역전하여 손바닥을 뒤집고, 왼손은 오른팔에 무게를 실으며 오른팔의 회전을 보조함으로써 두 손을 합경(合勁)하여 우전방으로 향해 붕출(掤出)한다. 두 손바닥은 모두 밖을 향한다.

눈은 전방을 응시하고, 귀는 몸 뒤의 동정을 듣는다.(그림 3-383)

동작3

이어 오른다리를 굴슬송과(屈膝鬆胯)하며, 몸을 우전(右轉)하고, 중심을 오

(그림 3-384)

(그림 3-385)

른발로 이동한 다음, 몸을 하침(下沈)하며, 왼다리의 무릎을 굽혀 들어올린다. 이때 두 손의 붕경을 잃지 않도록 유의한다.(그림 3-384)

몸을 계속 하침하며, 왼발을 좌전방 약 45도 방향으로 크게 한 걸음 내딛는다.

동시에 오른손은 상붕(上掤)하고, 왼손은 역전(逆纏)하면서 왼발을 따라 아래로 벌리다가 왼무릎 위로 온다.

왼다리를 개보(開步)하는 것에 따라 오른다리는 굴슬하준(屈膝下蹲)[99]하며, 몸을 나선하침(螺旋下沈)하고, 정경령기(頂勁領起)하며, 신법중정(身法中正)한다.

눈은 왼쪽을 응시한다.(그림 3-385)

동작4

이어 우과(右胯)를 방송하고, 중심을 오른발로부터 왼발로 이동하며, 몸을 우전(右轉)한다.

동시에 왼손을 위쪽으로 순전(順纏)하여 얼굴 앞으로 올리고, 오른손은 아래로 순전하여 호(弧)를 그리며 왼팔꿈치 아래로 온다.(그림 3-386)

---

99) 무릎을 굽히고 아래로 쭈그려 앉듯이 하여 자세를 낮춤.

(그림 3-386)

(그림 3-387)

　이어 중심을 완전히 왼발로 이동하고, 자세를 약간 위로 들어올리며, 오른다리를 들어 왼쪽과 위쪽을 거쳐 다시 오른쪽 후방으로 호(弧)를 그리며 돌려 차면서 반원(半圓)을 그린다.
　이와 동시에 왼손을 우하방으로 역전(逆纏)하다가 다시 호를 그리며 왼쪽으로 역전하면서 오른발등을 맞이하여 친다.
　눈은 오른발 및 전방을 응시하고, 귀는 몸 뒤의 동정을 듣는다.(그림 3-387)

동작5

　박각(拍脚) 후에 오른발은 여전히 무릎을 굽히고 가랑이 안쪽으로 들어 늘어뜨린 상태에서, 왼발뒤꿈치를 축으로 하여 몸을 오른쪽으로 약 135도 회전한다.
　이와 동시에 두 손을 주먹으로 바꾸어 쥐고, 오른주먹은 가슴 앞을 지나 순전(順纏)하면서 몸의 오른쪽 아래로 손등으로 치듯이 내리고, 왼주먹은 역전(逆纏)하면서 좌상방으로 올리는데, 두 주먹을 일제히 발경한다.
　오른주먹과 우과(右胯)는 평행하는 자세가 되고, 권심(拳心)은 위쪽으로 향한다.
　왼주먹은 머리보다 약간 높고, 권심은 오른쪽을 향한다.
　정경령기(頂勁領起)하고 눈은 전방을 응시하며 귀는 몸 뒤의 동정을 듣는다.(그림 3-388, 그림 3-389)

(그림 3-388)

(그림 3-389)

≪요점≫

1. 박각(拍脚)할 때, 왼손과 오른손을 교차하여 십자형을 만든다. 이 때문에 십자단파각(十字單擺脚)이라고 부른다.

두 손이 교차하여 금나(擒拿)의 수법(手法)으로 활용할 수 있으며, 허리로써 움직임을 이끌어야 한다.

오른손은 우상방으로 영경(領勁)하고, 왼손은 좌하방으로 송침(鬆沈)하며, 두 손을 경(勁)의 흐름에 따라 원(圓)을 그리며 서로 호흡을 맞추어 일관되게 움직인다.

2. 이 식은 합(合)에서 개(開)로 변화하고, 개(開)에서 합(合)으로 변화하며 운용되어야 한다. 두 손이 서로 연결되어 개합(開合) 대칭의 경(勁)을 이루어야 함은 물론이려니와, 가슴과 무릎 사이에도 서로 연결되어 흉요절첩(胸腰折疊)의 경(勁)을 이루어야 하며, 이와 아울러 손과 발, 팔꿈치와 무릎, 어깨와 샅 사이에도 소위 외삼합(外三合)의 경(勁)을 이루어야 한다.

이렇게 하려면 이요대동(以腰帶動)[100]하고, 상하상수(上下相隨)하며, 정경령기(頂勁領起)하고, 신법중정(身法中正)해야 한다.

---

100) 허리로써 움직임을 이끌어 감.

제73식 지당추(指襠捶)

동작1

앞의 식에 이어서, 오른발을 진각(震脚)으로 착지하고, 바로 이어 왼발의 무릎을 굽혀서 들어올린다.(그림 3-390)

오른다리를 굴슬송과(屈膝鬆胯)하며, 몸을 하침(下沈)하고, 왼발을 좌전방으로 내딛는다.

이어 우과(右胯)를 방송하고 몸을 우전(右轉)하며, 중심을 왼쪽으로 이동한다.

이와 동시에 몸이 도는 것을 따라 왼주먹을 순전(順纏)하여 오른쪽으로 조금 하침하고, 오른주먹은 순전하여 오른팔꿈치를 약간 굽히며, 두 손을 서로 모으려는 자세를 이룬다.

(그림 3-390)

그런 다음에 오른발에 중심을 실으며 좌과(左胯)를 방송(放鬆)하고 몸을 좌전(左轉)함과 아울러 왼주먹을 좌상방으로, 오른주먹을 우하방으로, 두 주먹을 한꺼번에 역전(逆纏)하면서 발경한다.

정경령기(頂勁領起)하고, 눈은 왼쪽 전방을 응시한다.(그림 3-391, 그림 3-

(그림 3-391)

(그림 3-392)

(그림 3-393)

(그림 3-394)

392)

동작2

몸을 약간 좌전(左轉)하고, 오른주먹을 순전(順纏)하여 아래로 호(弧)를 그리며 좌상방으로 가서, 왼주먹과 합경(合勁)을 이룬다 (그림 3-393)

이어 우과(右胯)를 방송하고 몸을 우전(右轉)하며, 중심을 오른쪽으로 이동하는 것과 동시에 두 주먹을 좌순우역전사(左順右逆纏絲)로 호(弧)를 그리며 우하방으로 리경(掤勁)을 이끌며 돌린다.(그림 3-394)

(그림 3-395)

이어 좌과(左胯)를 방송(放鬆)하고 몸을 좌전하며, 중심을 왼쪽으로 이동하면서, 두 주먹을 좌역우순전사(左逆右順纏絲)하여 위쪽으로 뒤집었다가 다시 좌순우역전사(左順右逆纏絲)로 바꾸어 호(弧)를 그리면서 좌전방으로 발경한다.

발경한 뒤에 두 주먹의 권심(拳心)은 서로 마주보게 되며, 눈은 왼쪽 위를 응시한다.(그림 3-395, 그림 3-396)

신가일로 199

동작3

이어 두 주먹의 손목을 꺾어 돌리며 작은 원을 그리며 역전(逆纏)한 뒤, 다시 두 손을 모두 순전(順纏)하여, 왼주먹은 하침(下沈)하면서 앞으로 뻗고, 오른주먹은 허리 쪽으로 거두어 붙인다.

이와 동시에 우과(右胯)를 방송하고 몸을 우전(右轉)하면서 하침하며, 중심을 왼발에서 오른발로 이동한다.(그림 3-397, 그림 3-398)

오른발에 힘을 실어 버티며 좌과(左胯)를 방송(放鬆)하고, 이어 몸을 좌전(左轉)하며 중심을 왼쪽으로 이동함과 동시에 오른주먹을 역전하면서 전하방으로 발경하고, 왼주먹은 역전하면서 후방으로 주경(肘勁)을 발출(發出)한다.

이때 오른주먹의 권심(拳心)은 아래로 향하고, 왼주먹의 권심은 오른쪽을 향한다.

눈은 전하방을 응시하고, 귀는 몸 뒤의 동정을 듣는다.(그림 3-399)

(그림 3-396)

(그림 3-397)

(그림 3-398)

(그림 3-399)

≪요점≫

 이 식에서 발경(發勁)할 때는 발을 벌리는 것이 크고 신법(身法)이 낮아야 하는데, 이 식에서도 역시 신법중정(身法中正)하고, 정경상령(頂勁上領)하며, 전부후앙(前俯後仰)[97]하지 말아야 한다.
 또한 발경할 때는 탄성(彈性)이 풍부해야 하고, 일단 발경하면 바로 방송(放鬆)하여 앞으로 구부러져 중심을 잃는 실수를 방지해야 한다.

제74식 백원탐과(白猿探果)

동작1

 앞의 식에 이어서, 두 주먹의 손목을 꺾어 돌리며 역전(逆纏)했다가 다시 순전(順纏)한다. 왼주먹은 역전하면서 오른쪽으로 향하고, 오른주먹은 계속 순전

(그림 3-400)

(그림 3-401)

---

97) 앞으로 구부리고 뒤로 올려다 봄. 또는 앞으로 굽거나 뒤로 제침.

하며 좌하방으로 향하여, 두 주먹이 서로 모이며 그 경(勁)이 상합하도록 한다.

두 팔이 합경(合勁)을 이루며, 좌순우역전사(左順右逆纏絲)로 전상방을 향하여 붕경(掤勁)을 더한다.(그림 3-400)

몸을 좌전(左轉)하고, 중심을 오른쪽으로 이동하며, 왼발 끝을 밖으로 벌린다.

동시에 두 주먹을 몸이 도는 것을 따라 순전하여 돌리며 분개(分開)하는데, 두 주먹의 권심(拳心)이 모두 위쪽을 향한다.

눈은 왼쪽을 응시한다.(그림 3-401)

동작2

중심을 왼쪽으로 이동하고 몸을 약 135도 좌전(左轉)하면서, 오른다리의 무릎을 굽혀 들어올린다.

이와 동시에 오른주먹을 오른다리를 들어올리는 것에 따라서 오른쪽 전상방으로 상충(上衝)하고, 왼주먹은 약간 순전(順纏)하면서 왼쪽 허리에 갖다 붙이며 두 주먹이 합경(合勁)을 이루도록 한다.

이때 두 주먹의 권심(拳心)은 모두 위쪽으로 향한다.

정경령기(頂勁領起)하고 눈은 오른쪽을 응시하며, 귀는 몸 뒤의 동정을 듣는다.(그림 3-402)

(그림 3-402)

≪요점≫

〈동작1〉 중에서 두 주먹이 전사경(纏絲勁)을 운용할 때는 이요위축(以腰爲軸)하고, 기세(氣勢)가 충만해야 한다. 이 자세가 완성되었을 때, 왼팔꿈치는 하침(下沈) 외붕(外掤)의 세(勢)를 이루고 절대로 늑골에 붙여서는 안되며, 요철(凹凸)의 결함이 생기지 않도록 해야 한다.

(그림 3-403)

(그림 3-404)

제75식 소육봉사폐(小六封四閉)

동작

　앞의 식에 이어서, 두 주먹을 역전(逆纏)하면서 장(掌)으로 바꾸어 가슴 앞으로 모은다. 이어 몸을 나선하침(螺旋下沈)하며 약간 좌전(左轉)하고, 오른발을 오른쪽으로 개보(開步)하여 발뒤꿈치의 안쪽으로 착지하고, 발끝을 위로 세워 안으로 모은다.

　이어 오른다리를 굴슬송과(屈膝鬆胯)하고, 몸을 하침(下沈)하며 우전(右轉)하여 중심을 오른쪽으로 이동하고, 왼발을 오른발의 안쪽으로 거두어들인다.

　이와 동시에 두 손을 합경(合勁)하여 우하방을 향하여 안출(按出)한다.

　눈은 오른쪽 아래를 응시한다.(그림 3-403, 그림 3-404)

제76식 단편(單鞭)

동작1

　앞의 식에 이어서, 두 손을 순전(順纏)하며 왼손은 외천(外穿)하고 오른손은 내수(內收)한다.[101]

왼손은 배 앞으로 내리고, 오른손은 구수(勾手)로 역전(逆纏)하여 우상방으로 붕출(掤出)한다.

몸을 방송하침(放鬆下沈)하며, 왼다리를 들어올려 왼쪽으로 크게 한 걸음 개보(開步)한다.(그림 3-405 ～그림 3-408)

동작2

이어 중심을 왼쪽으로 이동하며, 왼손을 우상방으로 천장(穿掌)하고, 동시에 중심을 오른쪽으로 약간 이끌어 돌린다.

그런 다음, 다시 중심을 왼쪽으로 이동하며, 왼손을 역전(逆纏)하여 밖으로 뒤집어서 오른쪽으로 전개하여 어깨와 수평이 되도록 한다.

눈은 전방을 응시하고, 귀는 몸 뒤의 동정을 듣는다.(그림 3-409, 그림 3-410)

(그림 3-405)

(그림 3-406)

(그림 3-407)

---

101) 외천(外穿): 바깥으로 향해 찌름. 내수(內收): 안쪽으로 거두어들임.

제77식 포지금(鋪地錦)

동작1

앞의 식에 이어서, 두 손을 주먹으로 바꾸어 쥐고, 좌과(左胯)를 방송(放鬆)하며 몸을 좌전(左轉)하여 중심을 계속 왼쪽으로 이동한다.

이와 동시에 두 주먹을 좌역우순전사(左逆右順纏絲)하여 모으는데, 왼주먹은 약간 아래로 돌리며 거두어들이고, 오른주먹은 아래로 호(弧)를 그리며 돌려서 두 주먹을 가슴 앞에서 서로 교차시켜 모은다.

이때 좌권심(左拳心)은 아래로 향하고 우권심(右拳心)은 위쪽으로 향한다.

눈은 왼쪽 전방을 응시한다.(그림 3-411)

(그림 3-408)

동작2

이어 몸을 약간 우전(右轉)하며 중심을 오른쪽으로 이동하고, 오른다리를 굴슬하준(屈膝下蹲)의 자세로 만들고, 왼다리는 아래로 뻗는다.

이와 동시에 두 주먹은 좌순우역전(左順右逆纏)으로 호(弧)를 그리며 좌

(그림 3-409)

(그림 3-410)

(그림 3-411)

(그림 3-412)

우 양쪽으로 벌려 서로 대조를 이루게 한다.

왼주먹은 왼다리 위에 위치하고, 권심(拳心)이 위로 향하며, 오른주먹은 우상방에 위치하고 권심이 안쪽으로 향한다.

눈은 왼쪽과 아울러 먼 곳을 응시한다.(그림 3-412)

≪요점≫

이 식은 부보(仆步)의 낮은 자세에서 충권(衝拳)하는 권법으로서, 이 식에서는 반드시 당요(襠腰)의 선전력(旋轉力)이 잘 결합하여 아래에서부터 위에까지 완정일기(完整一氣)하며 붕경(掤勁)을 잃지 않도록 해야 한다.

제78식 상보칠성(上步七星)

동작1

앞의 식에 이어서, 왼발 끝을 바깥쪽으로 돌리고, 오른발에 힘을 실어 뻗으며 왼다리를 궁보(弓步) 자세로 만들고, 중심을 오른발에서 왼발로 이동한다.

이어 몸을 약간 좌전(左轉)하면서 자세를 나선상승(螺旋上昇)시키며, 동시에 중심이 앞으로 이동하는 것에 따라 왼주먹은 약간 순전(順纏)하며 전방으로

(그림 3-413)

(그림 3-414)

상충(上衝)하고, 오른주먹은 순전하면서 아래로 내려 몸의 오른쪽으로 온다.(그림 3-413)

이어 몸을 왼쪽으로 약 90도 정도 돌리면서, 오른다리를 왼쪽으로 상보(上步)하여 왼발의 우전방에 놓는데 발끝으로 살짝 착지한다.

이와 동시에 오른주먹을 몸이 도는 것을 따라 위로 순전하며 상충하여 왼주먹의 아래로 찔러 넣어 두 주먹을 서로 모으는데, 권심(拳心)이 모두 안쪽으로 향한다.

정경령기(頂勁領起)하고 눈은 전방을 응시한다.(그림 3-414)

동작2

이어 몸을 약간 하침(下沈)하고, 어깨를 방송하며 두 팔꿈치를 약간 위로 들어올린다.

이어 두 주먹을 좌상우하(左上右下)로 모으고 손목부분을 서로 밀접하게 붙인 상태에서 두 주먹을 안쪽으로 돌리며 역전(逆纏)하여 하나의 원을 그린다.

이어 손목을 절완(折腕)하며 권(拳)을 장(掌)으로 바꾸고 두 손이 좌하우상(左下右上)이 되도록 한다.(그림 3-415, 그림 3-416).

동시에 팔꿈치를 하침하고 두 손을 합경(合勁)하여 장근(掌根)으로 전방

(그림 3-415)

(그림 3-416)

을 향하여 발경한다.

발경과 동시에 오른발 뒤꿈치로 진각(震脚)하며 땅을 구른다. 두 손바닥은 전방을 향하고, 손가락 끝은 위쪽으로 향한다.

눈은 전방을 응시하고, 귀는 몸 뒤의 동정을 듣는다.(그림 3-417)

≪요점≫

이 식은 상충권(上衝拳)으로 상대의 가슴과 인후를 타격하고 금나(擒拿)를 푸는 수법이다.

연습할 때에는 이요위축(以腰爲軸)하고, 양과(兩胯)를 전환(轉換)하며, 흉요절첩(胸腰折疊)하고, 이신최수(以身催手)하며, 일동전동(一動全動)하고, 입신중정(立身中正)하여 팔방을 지탱해야 한다.

제79식 퇴보과호(退步跨虎)

동작1

앞의 식에 이어서, 몸의 중심을 약간 뒤쪽으로 빼서

(그림 3-417)

후좌(後坐)의 자세를 취한다.

　이와 동시에 두 손목으로 영경(領勁)하며 팔꿈치를 구부려 위로 들어올리며 두 손을 안으로 거두어들이면서 탄성(彈性)을 증가시킨다.(그림 3-418)

　이어 중심을 약간 앞쪽으로 이동하며, 왼발 뒤꿈치를 땅에서 약간 들어올리고 바깥쪽으로 돌리며 벌리는 자세를 취함과 동시에 송견침주(鬆肩沈肘)하며 두 손을 앞으로 전안(前按)하며 아래로 돌린다.(그림 3-419)

　두 손을 아래로 돌려 역전(逆纏)하면서 안으로 거두어들이는 것과 아울러 오른발을 거두어들인다. 이때 오른손이 몸 바깥쪽에서 왼손을 몸 쪽으로 밀듯이 받치도록 한다.(그림 3-420)

(그림 3-418)

　오른다리의 무릎을 굽혀 들어올리며, 왼발 뒤꿈치를 축으로 하여 몸을 오른쪽으로 90도 회전한다.

　이와 동시에 두 손의 손목부위를 교차시킨 상태에서 두 손을 선역후순전(先逆後順纏)으로 민첩하게 경(勁)을 이끌며, 오른손 엄지손가락 쪽의 손목부분이 왼손 새끼손가락 쪽의 손목부분을 감고 한바퀴 돌리는 모양으로 위

(그림 3-419)

(그림 3-420)

신가일로 209

쪽으로 향해서 돌려서 올리며 손바닥을 세우는데 정수리보다 높게 한다.

　이때 두 손은 왼손이 밖에 있고 오른손이 안에 오며, 왼손은 오른쪽을 향하고, 오른손은 왼쪽을 향하는데, 손가락 끝은 모두 위쪽으로 향한다.

　눈은 두 팔 사이로부터 이동하여 앞쪽을 향하여 응시한다.(그림 3-421)

(그림 3-421)

동작2

　이어 왼다리를 굴슬송과(屈膝鬆胯)하고, 몸을 나선하침(螺旋下沈)하며, 오른발을 진각(震脚)으로 구르며 땅에 내려놓는다.

　이와 동시에 송견(鬆肩)하며 두 손을 배 앞으로 신속하게 떨어뜨린다. 이때 두 손목은 서로 교차되어 있는데, 왼손이 아래에 있고 오른손이 위에 있다.(그림 3-422)

　이어 중심을 오른쪽으로 이동하며, 두 손의 수심(手心)이 아래로 향하게 한 상태로 두 손을 역전(逆纏)하면서 좌우로 분개(分開)하여 벌린다.

　눈은 전방을 응시한다.(그림 3-423)

(그림 3-422)

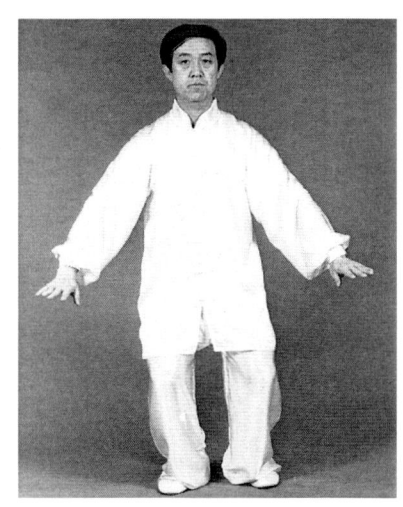

(그림 3-423)

(그림 3-424)

동작3

이어 중심을 완전히 오른발로 이동한 뒤, 왼발을 들어 호형으로 좌전방으로 내딛고 발끝으로 살짝 착지한다.

이와 동시에 두 팔의 팔꿈치를 약간 굽히며 전방을 향해 순전(順纏)하여, 왼손은 배 앞에서 멈추고, 오른손은 오른쪽 가슴 앞에서 멈추는데, 두 손이 모이며 경이 머물도록 한다. 이때 왼손은 오른쪽을 향하고, 오른손은 왼쪽을 향하며, 손가락 끝은 모두 전방을 향한다.

눈은 전방을 응시하고, 귀는 몸 뒤의 동정을 듣는다.(그림 3-424)

≪요점≫

이 식은 퇴보(退步)의 훈련법에 속하는데, 이것을 연습할 때는 자세를 낮추어 안정시키고 가벼우면서도 급하지 않게 해야 하며, 손과 발의 개합(開合)과 가슴과 허리의 절첩(折疊)을 체득하고, 상하상수(上下相隨)하여 신법의 중정안서(中正安舒)를 얻어야 한다.

(그림 3-425)

제80식 전신쌍파련(轉身雙擺蓮)

동작1

앞의 식에 이어서, 우과(右胯)를 방송하고, 몸을 우전(右轉) 하침(下沈)하면서, 왼무릎은 안으로 모으고, 왼발 뒤꿈치를 바깥쪽으로 돌리며 착지한다.

이와 동시에 두 손을 역전(逆纏)하여, 왼손은 좌하방으로 안출(按出)하고, 오른손은 손바닥을 뒤집어 우상방으로 붕출(掤出)하여 두 손이 상하로 합경(合勁)을 이루며 대조가 되도록 한다.

신가일로 211

이때 좌장심(左掌心)은 아래로 향하고, 우장심(右掌心)은 앞으로 향한다.
눈은 왼쪽을 응시한다.(그림 3-425)

동작2

이어 중심을 왼쪽으로 이동하면서 우과(右胯)를 방송하고, 몸을 우전(右轉)하면서 오른발 끝을 밖으로 벌린다.

이와 동시에 왼손을 순전(順纏)하여 오른쪽으로 돌려 두 손에 리경(履勁)을 이룬다.

이어 중심을 오른쪽으로 이동하며, 왼발에 힘을 실었다 밀어 올리며 우전시킴과 동시에 오른발 뒤꿈치를 축으로 하여 몸을 오른쪽으로 180도 회전한다.[102]

왼발은 우전하여 좌전방에 떨어지는데, 발뒤꿈치로 착지하며, 발끝을 위로 세워 올린다.

이와 동시에 두 손은 몸이 회전하는 것에 따라 리경(履勁)을 유지하며 오른쪽으로 나간다.

눈은 전방을 응시한다.(그림 3-426)

(그림 3-426)

동작3

두 손을 계속 후리(後履)하다가 오른쪽 허리 부근에서 좌역우순전사(左逆右順纏絲)로 바꾸어 손바닥이 전방으로 향하도록 하고 두 손의 경(勁)을 모아 하침(下沈)하면서 멈춘다.

이와 동시에 몸을 우전(右轉)하며, 중심을 왼발로 이동한다.(그림 3-427)

이어 오른다리를 들어 하호(下弧)를 그리며 전방으로 돌린 다음 위쪽을 돌아 오른쪽 후방으로 돌려 찬다.

이와 아울러 두 손에 경(勁)을 모아 오른발의 바깥쪽을 맞이하여 치는데, 왼손이 먼저 치고 오른손이 나중에 쳐서 따닥 하고 두 번의 소리가 나도록 한다.

102, 103) 이 책의 도해(圖解)는 180도 회전하는 것으로 설명되어 있다. 따라서 마지막 수세(收勢)가 북쪽을 향해 끝나게 된다. 만약 360도 회전하게 되면 마지막 수세(收勢)를 할 때 처음의 기세(起勢)와 같은 방향으로 투로를 끝낼 수 있다.

(그림 3-427)

(그림 3-428)

눈은 전방을 응시하고, 귀는 몸 뒤의 동정을 듣는다.(그림 3-428)

≪요점≫

몸을 회전할 때는 경령온건(輕靈穩健)해야 하는데, 신법중정(身法中正)하고, 정경령기(頂勁領起)하여, 두 손에 합주경(合住勁)을 이루어 우후방으로 리경(掤勁)을 유지하면서 왼발로 땅을 짚는 것에 맞추어 몸이 회전하는 데에 그 관건이 있다.

몸을 360도 회전하여도 무방하다.[103]

제81식 당두포(當頭炮)

동작1

앞의 식에 이어서, 박각(拍脚) 후에 오른다리를 그 떨어지는 기세대로 아래로 내려 바로 착지하지 아니하고, 다시 무릎으로 영경(領勁)하여 전상방으로 들어올린다.

이와 동시에 두 손을 권(拳)으로 바꾸어 쥐며 좌순우역전사(左順右逆纏絲)로 돌려 우하방으로 내리며, 위로 들어올리는 오른무릎과 서로 합경(合勁)이

되도록 한다.(그림 3-429)

두 주먹을 오른쪽으로 약간 당기듯이 하침(下沈)하며 좌역우순전사(左逆右順纏絲)로 바꾸어 위쪽으로 뒤집어 돌렸다가, 다시 팔을 휘두르며 좌순우역전사(左順右逆纏絲)로 상호(上弧)를 그리며 전상방으로 격출(擊出)한다.

이때 왼주먹의 권배(拳背)가 격발점(擊發点)이 되며, 두 주먹의 권심(拳心)은 서로 대칭을 이루고, 두 주먹의 거리는 약 30센티미터 정도이다.

두 주먹의 격출(擊出)과 동시에 오른다리는 우후방으로 자연스럽게 뻗으며 힘차게 착지하여 소리가 나도록 한다.

눈은 전방 먼 곳을 바라본다.(그림 3-430, 참고도 3-430-1)

(그림 3-429)

동작2

이어 오른발에 약간 힘을 실었다가 중심을 조금 왼쪽으로 이동하며, 두 손의 손목을 좌상방으로 약간 붕(掤)하며 영경(領勁)함과 동시에 두 손을 절완(折

(그림 3-430)

(참고도 3-430-1)

(그림 3-431)

(참고도 3-431-1)

腕)하여 두 주먹을 안쪽으로 돌리며 역전(逆纏)하다가, 다시 침주송견(沈肘鬆肩)하며 순전(順纏)하여 두 주먹의 권심(拳心)이 서르 마주보도록 한다.(그림 3-431, 참고도 3-431-1)

　　이어 우과(右胯)를 방송하고, 몸을 약간 우전(右轉)하며 자세를 낮추어 후좌(後坐)하면서 중심을 오른발로 이동한다.

　　이와 동시에 두 주먹을 몸이 도는 것을 따라 오른쪽 허리 끝에까지 후리(後

(그림 3-432)

(참고도 3-432-1)

(그림 3-433)

(참고도 3-433-1)

攔) 한다.
정경령기(頂勁領起)하고, 눈은 전방을 응시한다.(그림 3-432, 참고도 3-432-1)

동작3

이어 오른발에 힘을 실어 허리에 탄성(彈性)을 주며 몸을 좌전(左轉)하고, 중심을 왼발로 이동하는 것과 동시에 두 주먹을 합력(合力)하여 전방으로 주먹을 내지르며 발경한다.

이때 두 주먹의 권심(拳心)은 서로 마주 보며, 권정(拳頂)은 전방으로 향한다. 정경령기(頂勁領起)하고 눈은 전방을 응시하며, 귀는 몸 뒤의 동정을 듣는다.(그림 3-433, 참고도 3-433-1)

≪요점≫

이 식은 쌍권(雙拳)의 발경(發勁)을 연습하는 권세(拳勢)로 이 부분만을 따로 떼어내어 연습할 필요가 있다.

발경할 때에 그 뿌리가 되는 것은 발이며, 당요(襠腰)로 비틀고 제어하며, 흔들어 발출(發出)한 기운이 단번에 두 주먹에 이르러야 한다.

제82식 금강도대(金剛搗碓)

동작1

앞의 식에 이어서 두 주먹을 약간 하침(下沈)하며 장(掌)으로 바꾼 다음, 좌순우역전사(左順右逆纏絲)로 우후방을 향해 상리(上擴)한다.

이와 동시에 오른다리를 굴슬송과(屈膝鬆胯)하며, 몸을 우전(右轉)하고, 중심을 오른쪽으로 이동한다.(그림 3-434)

(그림 3-434)

이어 몸을 방송하침(放鬆下沈)하며, 좌과(左胯)를 방송하고 왼발 끝을 바깥쪽으로 돌린 다음, 몸을 좌전(左轉)하며 중심을 왼쪽으로 이동한다.

동시에 두 손을 아래로 돌려 좌역우순전사(左逆右順纏絲)를 하면서 경을 모아 전방으로 붕출(掤出)한다.(그림 3-435)

이어 오른발을 좌전방으로 상보(上步)하고, 두 손을 배 앞에 서로 모은다.(그림 3-436)

(그림 3-435)

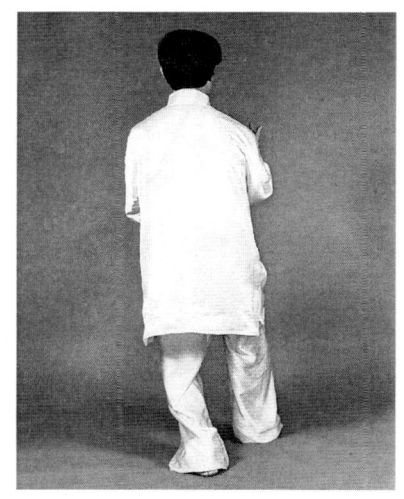

(그림 3-436)

신가일로 217

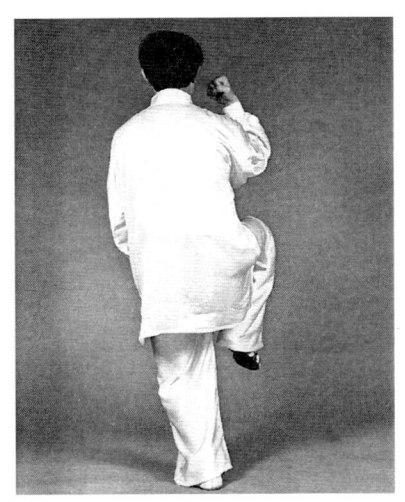

(그림 3-437)

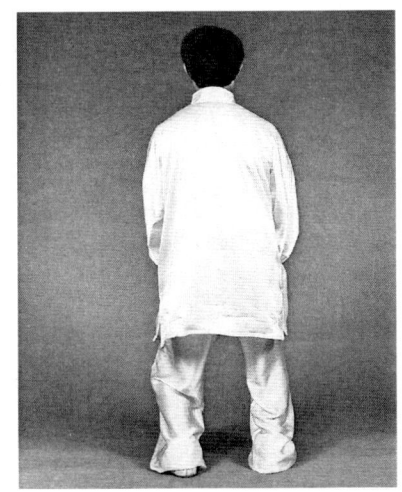

(그림 3-438)

동작2

두 손을 하침(下沈)하여, 오른손은 주먹으로 바꾸어 쥔 다음, 오른주먹과 오른다리를 같이 들어올린다.(그림 3-437)

이어 오른발을 진각(震脚)하여 땅에 떨어뜨리고, 동시에 오른주먹도 왼손 안으로 떨어뜨린다.(그림 3-438)

제83식 수세(收勢)[104]

동작1

앞의 식에 이어서, 몸을 방송하침(放鬆下沈)하며, 중심을 두 다리 사이에서 조정한다.

오른손을 장(掌)으로 바꾸고, 두 손을 좌우로 분개(分開)하여 벌린다.(그림 3-439)

---

[104] 이 책의 신가 일로 투로는 처음 예비세와 반대 방향으로 수세를 마무리하도록 되어 있다. 그 까닭은 〈제80식〉전신쌍파련(轉身雙擺蓮)에서 회전하는 각도를 180도로 했을 경우에 해당하기 때문이며, 이를 처음 시작할 때와 같은 방향으로 수세(收勢)를 하고자 할 때는 〈제80식〉에서 360도 회전하면 된다.

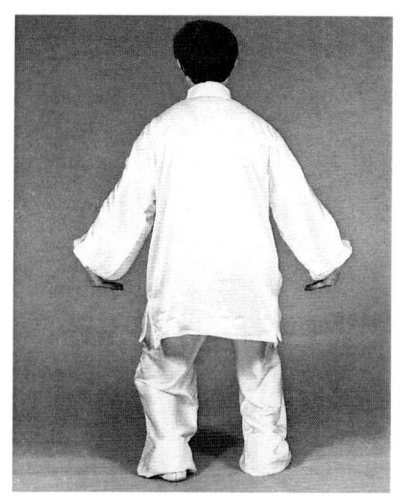

(그림 3-439)

 이어 두 손을 역전(逆纏)하여 호(弧)를 그리며 위쪽으로 손바닥을 뒤집어 올리는데, 높이가 머리와 수평이 되도록 한다.

 그런 다음에 몸의 양쪽으로 천천히 하안(下按)하여 양쪽 대퇴부 옆으로 온다.(그림 3-440, 그림 3-441)

 이어 중심을 오른쪽으로 이동하며 왼발을 거두어 오른발 옆에 자연스럽게 나란히 붙이고, 몸을 천천히 일으켜 세운 다음, 두 손을 자연스럽게 아래로 늘어뜨린다.

 이렇게 하여 자연스럽게 서 있는 처음의 자세를 회복하고, 눈을 전방을 응시한다.(그림 3-442)

≪**요점**≫

 1. 이 식은 예비세(豫備勢)에서 요구하는 것과 같은 신법(身法)이므로 그에 따라 신법이 제대로 이루어졌는지 신체의 각 부분을 스스로 체크해 볼 필요가 있다.

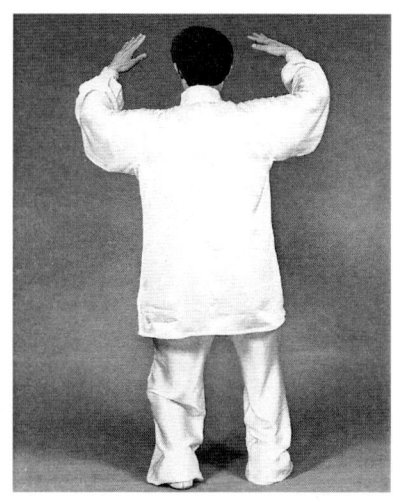

(그림 3-440)

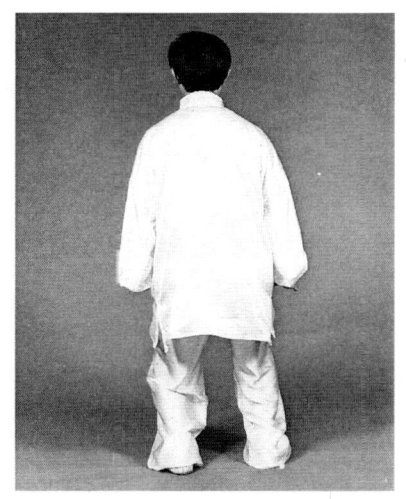

(그림 3-441)

2. 자기의 호흡에 주의를 기울여야 한다. 만약 호흡이 자연스럽고, 몸이 가벼우며 순조롭다고 느껴지면, 운동량을 적당히 늘여 공력(功力)을 증가시킨다.

만약 숨이 차거나 혹은 경미하게라도 가슴이 답답한 현상이 발생한다면, 먼저 동작의 정확성 여부를 점검한 뒤 운동량을 적절히 줄이는 것이 좋다.

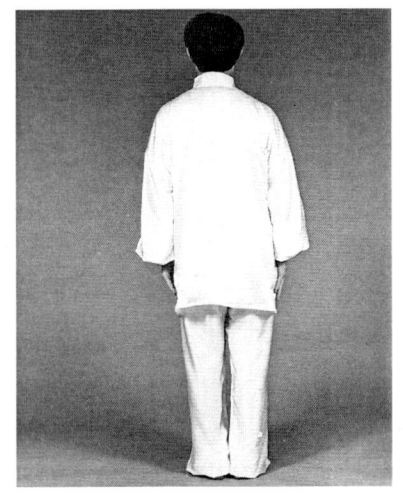

(그림 3-442)

■ 제3권 찾아보기

(ㄱ)

각개수합(脚開手合) 38
각심요허(脚心要虛) 190
각지조지(脚趾抓地) 51, 125
개당귀원(開襠貴圓) 39
격지추(擊地捶) 134
경관지두(勁貫指肚) 38
경령자연(輕靈自然) 35
고반자여(顧盼自如) 121
고탐마(高探馬) 122, 193
굴슬하준(屈膝下蹲) 52
권(圈) 80
권안(拳眼) 69
권정(拳頂) 67
금강도대(金剛搗碓) 30, 217
금계독립(金鷄獨立) 187
기불상부(氣不上浮) 35

(ㄴ)

나선하침(螺旋下沈) 30
나찰의(懶扎衣) 36, 178
내고정신(內固精神) 29
내수(內收) 117

(ㄷ)

단편(單鞭) 42, 117, 160, 172, 181, 193, 203
당두포(當頭炮) 213
당원이허(襠圓而虛) 30

대개대합(大開大合) 80
대권(大圈) 80
대육봉사폐(大六封四閉) 113, 170, 192
도권굉(倒卷肱) 89, 190
도보(倒步) 90
도보(跳步) 72
도보박주(跳步拍肘) 97
도해(圖解) 28

(ㄹ)

료장(撩掌) 33

(ㅂ)

박각(拍脚) 128
백원탐과(白猿探果) 201
백학량시(白鶴亮翅) 49, 101, 192
벽장(劈掌) 110
별신추(撇身捶) 75
붕리제안(掤擺擠按) 23
붕원(掤圓) 40
붕출(掤出) 31

(ㅅ)

사우수(四隅手) 23
사정수(四正手) 23
사행요보(斜行拗步) 51, 102, 192
삼환장(三換掌) 86, 157
상보칠성(上步七星) 206
상탁(上托) 40, 47
선역후순전(先逆後順纏) 36

신가일로 221

선우후좌(先右後左) 39
선풍각(旋風脚) 144
섬통배(閃通背) 104, 192
소가(小架) 23
소권(小圈) 80
소금타(小擒打) 151
소육봉사폐(小六封四閉) 203
송과전요(鬆胯轉腰) 89
송활탄두(鬆活彈抖) 82
수두세(獸頭勢) 140
수세(收勢) 218
신가(新架) 7
신가일로(新架一路) 22
신선일파조(神仙一把抓) 137
신정당원(身正襠圓) 45
심정체송(心靜體鬆) 29
십자단파각(十字單擺脚) 193
십지조지(十趾抓地) 30
쌍순합경(雙順合勁) 56
쌍역합경(雙逆合勁) 56
쌍진각(雙震脚) 173
쌍추수(雙推手) 83
쌍파각(雙擺脚) 184

(ㅇ)

안출(按出) 30
야마분종(野馬分鬃) 164
엄수굉추(掩手肱捶) 67, 110, 148, 192
영경(領勁) 30, 35
예비세(預備勢) 29
오지조지(五趾抓地) 190
옥녀천사(玉女穿梭) 175
외개상번(外開上翻) 92
외리(外擺) 60
외붕(外掤) 65

외삼합(外三合) 59
외시안일(外示安逸) 29
외천(外穿) 117
욕상선하(欲上先下) 121
욕전선후(欲前先後) 100
욕좌선우(欲左先右) 100, 121
욕하선상(欲下先上) 56
욕합선개(欲合先開) 156
용천요허(湧泉要虛) 30
우과(右胯) 30
우등일근(右蹬一跟) 146
우전(右轉) 31
우찰각(右擦脚) 125
운수(雲手) 119, 182, 193
육봉사폐(六封四閉) 39, 158, 179
이기각(二起脚) 138
이내최외(以內催外) 85
이신대동(以身帶動) 85
이신영수(以身領手) 23
이요대동(以腰帶動) 197
이요위축(以腰爲軸) 23
인경(引勁) 37

(ㅈ)

장근(掌根) 67
재수(再收) 63
재추(栽捶) 137
전권후주(前拳後肘) 71
전당요보(前蹚拗步) 57, 65, 132
전료(前撩) 122
전신관주(全神貫注) 51
전신쌍파련(轉身雙擺蓮) 211
전신좌등일근(轉身左蹬一跟) 130
전초(前招) 161
전추(前推) 83, 92

절완(折腕) 39
절첩(折疊) 23
접경(接勁) 42
정경령기(頂勁領起) 39
정자세(正姿勢) 29
제2금강도대(第二金剛搗碓) 45
제2사행요보(第二斜行拗步) 60
제3금강도대(第三金剛搗碓) 72
조수(叼手) 40
좌과(左胯) 32
좌완(坐腕) 38
좌전(左轉) 31
좌찰각(左擦脚) 128
주저간추(肘底看捶) 87
중반(中盤) 97, 192
중선(中線) 52
중심온정(重心穩定) 35
지당추(指襠捶) 198
진과진견진주(進胯進肩進肘) 45
진과진신(進胯進身) 38
진발과(陳發科) 22
진식태극권양생공(陳式太極拳養生功) 5
진씨태극권계회종(陳氏太極拳械匯宗) 5
진씨태극권술(陳氏太極拳術) 8
진유본(陳有本) 23
진장흥(陳長興) 7
진정뢰(陳正雷) 5
진조규(陳照奎) 5, 22
진조비(陳照丕) 5
질차(跌岔) 185

(ㅊ)

채열주고(採挒肘靠) 23
척이기(踢二起) 138
청룡출수(靑龍出水) 81

초수(初收) 55
추수(推手) 83
침안(沈按) 51

(ㅌ)

탄두(彈抖) 36, 49
태극금강(太極金剛) 5
태극오추(太極五捶) 137
퇴보과호(退步跨虎) 208
퇴보압주(退步壓肘) 93, 191

(ㅍ)

평종보법(平縱步法) 177
포구(抱球) 193
포두추산(抱頭推山) 154
포지금(鋪地錦) 205

(ㅎ)

하해내수(下頦內收) 29
합경(合勁) 36
합주경(合住勁) 75
합지재합(合之再合) 56
허악권(虛握拳) 70
호구(虎口) 40
호심권(護心拳) 140
호형(弧形) 35
활요송당(活腰鬆襠) 71
횡장(橫掌) 86, 95
후료(後撩) 122
후좌(後坐) 106, 209
후초(後招) 163
흉요절첩(胸腰折疊) 23, 42